從韋伯看馬克思——
現代兩大思想家的對壘

From Weber to Marx——
A Dialogue between Two
Contemporary Thinkers

洪鎌德　編著

從韋伯到馬克思——

現代兩大思想家的對話

From Weber to Marx

A Dialogue between two
Conten porary Thinkers

吳錫德 編著

序 言

　　依據蔡德麟（Irving M. Zeitlin）的看法，現代社會學係產生自知識界兩度批判性的交鋒（critical encounters）。第一次交鋒為社會哲學家同18世紀啓蒙運動思想的碰撞。第二次的交鋒則為19與20世紀社會學界同馬克思學說的爭執。在第一次的思想衝撞中，帶有浪漫主義與保守主義色彩的思想家針對法蘭西大革命所引發的社會動盪，提出他們嚴厲的批評，包括對大革命前百科全書家散播的觀念之抨擊，從而使社會學的概念、理論、方法得以湧現。但在第二次的思想激盪中，卻是針對馬克思的知識遺產作出反應（Zeitlin xi）。這裡頭有帕雷圖（1848-1923）、杜尼斯（1855-1931）、涂爾幹（1856-1917）、莫斯卡（1858-1941）、韋伯（1864-1920）、米歇爾（1876-1936）、曼海姆（1893-1947）等人。

　　在眾多同馬克思的學說爭論的學者中，要數韋伯的批

判最爲凌厲，而其影響也最爲深遠，這是他同「馬克思幽靈長期與密集的爭辯」（沙樂門語）底結果。事實上，馬克思與韋伯之間的爭論，或是其他古典社會學家對馬克思主義的批判與修正，絕不限於社會學的範圍。在很大的程度裡，也涉及哲學（特別是人的存在之最終關懷）、歷史、社會科學方法論、資本主義、民主政治等經濟、政治、社會諸問題。

韋伯（1864）與馬克思（1818）的誕生相隔幾近半世紀，在兩人隔開的這46年間，世局變遷之繁劇，知識衝突之尖銳已達巔峰，對於這兩位經歷由普魯士王國變成德意志帝國的德國學者兼政治家而言，這種激烈的變化，絕非任何一個思想體系所能解析與批評窮盡，更何況馬克思蔑視向來哲學家只能坐而言，不能起而行，強調在解釋世界之際，也應當改變世界。儘管韋伯不認爲科學認知與理論同個人選擇的行爲與實踐兩者之間可以劃上等號，但他在要求人們對學術與政治兩者擇一而行的苦心孤詣之餘，也透露他對人與社會改造的關懷。要之，韋伯論合理性對現代人的衝擊，與馬克思談異化對現代人的束縛，都有異曲同工之妙。兩人對當代人陷身典章制度的桎梏，而亟待解放與自由，寄予密切的注視。是故在涉及現代人存在方式的研討上，韋伯並沒有偏離馬克思的初衷。

這本書是七篇文章合成的，這些文章都是圍繞著馬克

思與韋伯觀念的同異與爭論而展開。每篇文章都取材自當代西方研究馬克思與韋伯的專家學者之介紹、闡釋、評價之作。本書編者之任務為將不同的當代學者之觀點予以介紹、譯述、重建、改寫,而添加台灣這幾年來「韋伯熱」、「馬克思熱」下幾位年輕的學者之論著,將他們相關的理念也穿插在章節裡,俾彰顯兩位大師的想法。易言之,其目的在作為馬克思與韋伯比較研究課程的文選或讀本。因之,在嚴格尺度的衡量下,這不算是一本原創性的學術論著,而是介紹性的導引而已。不過在齊一各家引述的馬克思與韋伯著作時,編者費神尋找原著與譯本及其出處,同時也對他們使用的專門術語予以適當的解釋,這點看出編譯者的苦心孤詣。是故本書的編者不敢居功,卻不避苦勞,任何書中的缺失仍應由編者自行承擔。至於第四章則為邱思慎先生與本人之合譯與改寫,曾刊載於淡江大學《法政學報》之上,茲向邱先生與淡江大學稱謝。

此一文集能夠及時出刊,仍應感謝本人在台大三研所內協助研究的助理群,其中邱思慎、李世泉、郭俊麟、胡志強、盧奕旬、林文媛和劉仕國幾位同學出力最多,令我感激不盡。李世泉的排版技術令人嘆絕,林晉堂為編者所拍攝的相片,也是盛意感人,都應在此稱謝。茲援前例把本書獻給內子,亦即執教新加坡國立大學歐洲研究學程之蘇淑玉女士,表達對她深摯的敬愛之忱。

最後，但卻是最重要的一點，是揚智文化事業公司葉忠賢總經理、林新倫副總經理與數位編輯小姐與先生之厚愛與敦促，使此一文集提早付梓。這些都是令我銘感五內，特再申至深謝意。

洪鎌德　誌於台大研究室

1998年4月8日

目　錄

詳細目錄

第一章　導論

前　言

現代的社會學可以說是資產階級的社會學者對抗馬克思唯物史觀的社會學說之結果，也可以說是對馬克思社會理論的評論與修正。這是由於馬克思的思想產自近代的兩大革命：實業革命與民主革命，也是對這兩大革命的反彈。這兩大革命也造成歐美先進地區由封建主義轉化爲資本主義的社會，從而激發思想家與學者對社會變遷的性質、緣由與歸趨作出種種的解說。在諸種解說中，又以馬克思的經濟制約論與階級鬥爭論最具創意，但也因此引發了反彈與挑戰。

在眾多同馬克思的學說爭論的學者中，要數韋伯的批判最爲尖銳，也最能擊中馬克思的要害，而其影響也最爲深遠，這是他同「馬克思幽靈長期與密集的爭辯」（Salomon 596）底結果。事實上，馬克思與韋伯之間的爭論，或是其他古典社會學家對馬克思主義的批判與修正，絕不限於社會學的範圍。在很大的程度裡，也涉及哲學（特別是人的存在之最終關懷）、歷史、社會科學方法論、資本主義、民主政治等經濟、政治諸問題。

韋伯（1864）與馬克思（1818）的誕生相隔46年，在兩人隔開的這半個世紀裡，世局變遷之繁劇，理念衝突之尖銳可謂空前。對於這兩位經歷由普魯士王國變成德意志

帝國的德國學者兼政治家而言，這種激烈的變化，絕非任何一個思想體系所能解析與批評窮盡，更何況馬克思蔑視向來哲學家只能坐而言，不能起而行，強調在解釋世界之際，也應當改變世界。在選擇政治或學術作為個人志業時，韋伯不認為科學的追求可以同問政劃上等號，但他在要求人們對學術與政治兩者擇一而行的苦心孤詣之餘，也透露他對人與社會改造的關懷。要之，在很大程度裡，韋伯論合理性對現代人的衝擊，與馬克思談異化對現代人的束縛，都有異曲同工之妙。兩人對當代人陷身典章制度的桎梏，而亟待解放與自由，寄予密切的注視。是故在涉及現代人存在方式的研討上，韋伯的觀點與馬克思的初衷似乎有相似的地方。

　　儘管在對現代人的關懷方面，韋伯並沒有偏離馬克思的看法，但兩人對人性觀、歷史觀、資本主義、民主政治與方法論方面，仍有重大的歧異。本章便是針對這一連串問題，來把現代德國這兩大思想家的觀點作一勾勒，以便為全書的舖敘做一引導。

馬克思與韋伯談人與現代人的處境

　　儘管韋伯比馬克思出現在歷史舞台上遲了將近半個世紀，兩人卻有共同的問題意識，這就是他們對於時代精神

的體認；該項體認圍繞在資本主義的興起與運作，以及資本主義怎樣衝擊著現代人的生活。馬克思視資本主義制度對人性的踐踏、對人的奴役、造成人的異化，與韋伯視資本主義社會帶來的合理性、專業化、官僚治理、「一個蘿蔔一個坑」、每個人被迫進入理性化的「鐵籠」裡，在在都顯示兩位思想家對現代人處境的同情與關懷。易言之，兩人都同樣關心人的解放（Löwith 1993: 45）。

正如羅維特（Karl Löwith 1897-1973）指出：馬克思和韋伯所考察的對象為現代社會與現代經濟的資本主義方式之組織。這個現代社會的問題不只是人類歷史發展期中一個特殊時期的特殊性之制度的問題，更牽連到現代人與全體人類之關係的問題，是故資本主義的考察不是單純經濟學的問題，而是社會哲學、或哲學人類學的問題。談到人在社會或經濟領域中的表現，則不能不標出人的理想或理想的人與現實的人之不同。馬克思就一度說過：「要變成偏激份子，就必須尋根究柢，但是人的根柢就在人的本身」（CW 3：182）。因之，對馬克思和韋伯而言，人的現實性及其在現世存活與發展的特質都是他們「偏激的」人性觀之基礎（洪鎌德 1997c：216ff.；1997e：119ff.）。

在此相同的基礎上，兩位思想家對人的看法有相同之處，也有相異之處。既然兩人關懷的是資本主義社會中人的處境與際遇，則儘管他們的作品完全迥異──像馬克思

的《共產黨宣言》是一部既講究理論、又重視革命策略與
實踐的宣傳品，而韋伯對世界各大宗教的研究，爲一宗教
史實探索的著作——但兩者均可視爲人作爲人，特別是作
爲現代人的方式（mode of being human）之探究（Löwith
1993：44）。不過兩人對現代人處境與命運的關懷，並非
在他們的著作中明顯地表露出來，常是隱含於其作品當
中。

在比較馬克思和韋伯時，我們發現兩人有類似之處，
更有差別的所在。譬如說撰寫《資本論》和《共產黨宣言》
的馬克思是理論家兼行動者，具有國際的聲望，他還創立
了一個冠以他的名字之學派馬克思主義（儘管馬克思一度
撇清說：「我不是一名馬克思主義者」）。與此相反，韋伯
只是一名單純的學者，其研究的範圍跨越了社會學、政治
學、經濟學、經濟史、宗教等諸領域，但他最早的聲名只
限於德奧西歐，其後才擴大至北美、東亞。他未曾凝聚信
徒、創造任何的韋伯主義或韋伯學派。他雖然嚮往政治，
但實際參政時期卻很短，是一名過時的「自由主義」的代
言人物，或可稱爲布爾喬亞聒噪時期的一個時代之木鐸。
儘管其作品零散，其生活與著作卻涵蓋整個時代，這種情
況與馬克思雷同。兩人對其時代中大小事件的各種資料都
努力蒐集、精心研讀，爲他們時代中世事與局勢之熱情的
觀察者與認眞的評論家。

兩人都擁有譁眾取寵的本領，集言論、寫作與行動於一身，而爲影響同代與後代的魅力領袖。他們的著作或有艱澀難懂之處，或有未終卷、未完成之篇章，或有前頭氣勢宏偉而收尾潦草簡陋的毛病。但總結一句，卻都是對現代人處境的關懷：韋伯企圖拯救搖搖欲墜的人之「尊嚴」，馬克思則致力改善普勞階級[註]未竟的革命事業，而兩人相似之處在於人的解放（ibid., 45；洪鎌德 1997d）。兩人就是抱著這番激情與這種批判態度，來進行社會現象之研究，而又力保研究的客觀性。最後使他們的著作保有科學的形式者，乃是他們鍥而不捨求真的熱情。但弔詭的是，這份熱情卻把科學也穿越了、揚棄了。這也就是說，兩人是悠游於政治與科學之間：馬克思計畫成爲學者，最後變成革命家；韋伯則由國會走出，而重返學術殿堂。

　　韋伯曾經探討先知內心世界之意義，這也就是他對猶太先知的分析，也等於對他自己學術著作的分析。有了這份自我剖白的能力，他遂拒斥馬克思的《共產黨宣言》，指出它雖爲「第一級的科學成就」，但畢竟還是「先知的文件」（prophetic document）（Weber 1924b: 255ff.）。

　　顯然，馬克思與韋伯的社會學是一種哲學的社會學。儘管他們兩人中無人創造任何一派的社會哲學，但在其著作中卻都對人類存在的現實問題，尤其是在資本主義體制下現代人生活情境的整體，進行認眞的考察和嚴肅的省

思，俾能夠為現代人的處境與命運找出自知之明。由於經濟成為現代人的命運，而現代的經濟又是資產階級與資本主義的經濟，因之，兩人為處於資本主義經濟下現代人的處境提供直接（馬克思）或間接（韋伯）的批判性分析。

除了分析現代人的處境，兩人尚提出問題解決之方。在這方面，馬克思不但指出現代社會與現代人病痛的原因，還提出治療的藥方；反之，韋伯只指出現代人的病徵，而無法提出治病的處方。他們兩人的不同表現在對資本主義看法的分歧。韋伯以一種普遍的和無可避免的「合理化」（rationalization）來分析資本主義，這種合理化是一個中立的、不帶價值判斷的觀點，但要詳加評價恐怕不免意見分歧、難以決斷（陳介玄 1989a: 114-133；黃瑞祺 1996: 203-204）。反之，馬克思使用負面的概念——「自我異化」來解釋資本主義，自我異化是負面、否定的，但卻有改變現狀、增益人類之不能（self-enriching）的作用。換言之，資本主義的出現正是人類發展史上的異數，它一方面是人類生產力史無前例的創造，另一方面也是人類有史以來遭逢異化的高峰，以致異化必遭否決。異化的否定，即為異化的祛除，是故資本主義為人類脫胎換骨、置於死地而後生的契機（Walicki 38-44）。

合理化和自我異化變成資本主義基本意義的兩種特徵，或二選一的選擇特徵。合理化將現代科學一併吞噬下

去，於是作爲特殊的人類之業績，科學也成爲當代寰宇命運表現的工具。

韋伯認爲社會科學爲「實在（實體）的科學」（*Wirklichkeitswissenschaft*），是探究人們所處的社會情境與周遭實在，以及社會何以由以往的情況，在歷史變遷過程中變成今天的樣子，社會實在裡頭諸現象的關連及其文化意義也成爲社會學探察的對象（翟本瑞 1989: 47ff.）。要之，爲了瞭解吾人周遭實在的意義，人們無法在社會演變的規律中去尋找，只有在現象彼此的關連及其與價值的聯繫當中尋覓其意義。科學是人認知外面世界——周遭的實在——諸種途徑之一，它多少反映人存在的歷史性格，因之，科學跳脫不出人存在的命運。

馬克思與韋伯對科學所抱持不同的看法

如眾所知，青年時代的馬克思在受到黑格爾唯心主義與辯證法的影響下，致力於人的存在之哲學思考。可是在1844年流亡巴黎之際，與恩格斯短暫的交遊，他開始潛心於政治經濟學的研究，是故其著名的《巴黎手稿》，便是企圖以哲學來詮釋經濟現象，及至1845/46年在布魯塞爾，與恩格斯合撰《德意志意識形態》一巨卷後，馬克思似有告別哲學而擁抱科學的趨勢。

中年後的馬克思在研究政治經濟學之餘，更深受達爾文進化論的影響。這時他對科學的認真態度，有接近實證主義或經驗主義之嫌，儘管他不時提出唯物辯證法的觀點，來批判實證主義的偏頗。

　　事實上，馬克思對實在的理解，就是他對事實、價值、真理與科學的看法之綜合。早在大學時代，他在致其父親的一封信上提起：「從唯心主義出發……我碰上了在實在的本身找到理念。假使從前眾神是住在世界上端〔天堂〕，那麼他們今天變成了世界的中心」（*CW* 1：18；洪鎌德 1986：43）。這就是馬克思企圖把神明從天堂搬到人間，從而使神明成為人類。這種說法的另一個解釋為代表真理的概念是內在於人的歷史發展當中，亦即人的歷史之發展符合理性，顯示真理，這是黑格爾的觀念，而年輕的馬克思就擁抱黑格爾對真理的這種看法。

　　由是可知，把實然與應然的對立與矛盾打破，最後藉否定的否定之中介，再把這兩者綜合，是馬克思深受黑格爾辯證法影響的所在。黑格爾否認超越於主體─神或是世界精神─之外尚有本體領域之存在的主張；反之，他堅稱主體所以會擁有知識是因為靠本身勞動創造（成形）的結果。馬克思接受黑格爾這種由主體自我生成創造的真理觀，只是揚棄黑格爾唯心主義的說詞。換言之，真理是在人類勞動實踐中逐漸湧現的（emergent），但其存在卻內

附於（immanent）人類的勞動實踐當中。由是可知黑格爾「精神」、或神明的歷史，轉變爲馬克思人的歷史，進一步轉變爲人的生產方式的進展。對黑格爾而言，精神由主體階段而客體階段而絕對階段步步發展，終結於絕對的知識之階段（洪鎌德 1995a：68-72）。對馬克思而言，人類經由異化、異化的克除而達到共產主義的最終目標。馬克思認爲解放就是人類最終的眞理標準（洪鎌德 1997d）。這個眞理在人類歷史發展史的每一階段中，都會作出部份的展示，而眞理最終便顯露在普勞階級革命之上。有效的知識便內在於普勞階級活動裡，而由共產黨合理地將這一知識解釋清楚。

韋伯因爲受到新康德學派與尼采學說的影響，極力主張價值的多元，以及價值與事實之分辨（蔡錦昌 1994：33-38）。由於新康德哲學的鼓吹，韋伯認爲實在是一種「無限的多面性」（infinite multiplicity）。在這種龐雜的多種多樣中，人們所能掌握的、理解的只是一小部份而已（Weber 1949: 72）。科學並不是與人的活動完全無關的客觀知識，而是反映了人的「文化旨趣」（張維安 1989a：18-19）。「價值取向」決定了事情是否值得做科學的考察。因之，經驗性的問題最終的研究，並非由純粹的理論來決定，也不是從簡陋的觀察中產生出來，而是從「實際的估量、評價」中產生出來的。因此，在決定某件事情值

得我們去做經驗研究之前，應該先做「價值的分析」。所謂的價值分析是把與文化價值有關的事物做一個批判性的衡量，而價值是決定研究對象與範圍的標準。一項事物值得研究的問題，必然是在文化重要性的疆界之內逐漸湧現的，但對問題的選擇卻是受到一大堆價值所左右。

研究的問題一旦選妥，價值的判斷卻必須與「經驗事實的確立（描寫、分析），作無條件的分開」（Weber 1949：11, 147-149），這就是價值判斷和事實描述應當分家的意思。由於人類是落實價值的動物，因此在文化科學中的因果關係只能藉行動者對其所處情境賦予意義，而得到「瞭悟」。韋伯因此採取瞭悟法來理解人類的社會行動（洪鎌德 1997b：197-198）。此外，他強調賦予主觀意義的行動者一般來說都是個人，而非團體。他認為社會學家處理團體時，應該把它看作是個別人的特殊行動之聚集，以及諸個人組織的方式產生的結果。原因是只有個人才能對自己的行為賦予主觀的解釋，也唯有個人才能對自己的行動負責，畢竟個人是真正存在的單位。韋伯這種說法，就是著名的方法論之個人主義（methodological individualism）註2。韋伯所拒斥的集體論不只有生機學說，也有功能學說，乃至結構學說的集體觀。這些集體觀者都忽略了行動的動機之考察，導致無法「瞭悟」以價值為取向之行動，從而無法藉「瞭悟」來解釋社會現象，其結果被迫放棄文

化科學應盡的職責（Weber 1949：40；蔡錦昌 1994：91-94）。

　　顯然，社會科學（或文化科學、精神科學）有異於自然科學之處，並不在尋求現象的規律性。律則性的法規（nomothetic laws）試圖將「文化現象化約爲單純數量的範疇」，而人類的歷史無法簡化成一大堆的律則。原因是這些規律對文化實在的瞭悟無助，也就沒有加以知道的必要。須知某一文化事件的歷史性知識，乃是在掌握其「具體的因果關係」，而不是其演變的規律（*ibid.*, 78-79）。韋伯認爲，社會學的概念在於幫助歷史家所描繪的文化事件之比較性瞭悟，也是促進該事件類型學上（typological）的瞭解。韋伯遂主張在社會科學中最重要的事項爲類型化的手段與目的之理性模型、行動者與情境，這些事項取代了自然科學中所重視的律則性的規律。「理念類型」（ideal types）在確認「客觀的可能性」動機和解釋情境的限制之後，幫助我們去瞭解該項文化事件之意義（張維安 1989a：30-32；陳介玄 1989b：135-158）。文化事件的探討已不在找出其演變的律則，而只在找出其類型，類型不過是「發現新知」（heuristic）的手段，目的是在龐雜廣大的經驗世界中勾勒有限部份的秩序，而予以理解和瞭悟（洪鎌德 1997b：186-193）。

　　韋伯認爲，事實的描述和價值的判斷分屬不同的理論

層次，每項都有其本身內在的評價標準，前者重視的是客觀真理，後者重視的是主觀確實。韋伯追隨康德保留科學領域和實踐領域的各自獨立自主，但並非兩者徹底的分開。科學問題的選擇之基礎為價值的取向。但科學本身提供了確實的資訊，俾為價值抉擇之參考。儘管事實描述和價值判斷有了這種互動的關係，基本上應該維持兩者不同的領域與疆界。科學無法「節省個人的下達判斷和進行選擇的麻煩」（Weber 1949：19），原因是科學並無法為價值的真理內涵作出規定，也無法成為諸價值之間的選擇之判準。

　　韋伯的方法論雖是他學術生涯開端的作品，但對其後的著作像《經濟與社會》仍有持續連貫的影響。要之，韋伯所重視的是事實與價值的邏輯分別，以及各種彼此競爭的價值之無法化約為其他因素。就是韋伯這種認知論的立場，使他與馬克思的觀點大異其趣。韋伯認為，馬克思的作品固然是科學的高度成就，但卻牽連到「最終目的之倫理」（存心倫理、價值倫理、良知倫理，而有別於責任倫理）。凡信從這種最終目的之倫理者，必然會接受這種整體的、總體的歷史觀。對韋伯而言，科學無法回答「我們要服侍彼此爭執之神明中的哪一個？」或者「我們必須服侍一個完全不同的神明嗎，祂究竟是誰？」這樣的問題（Weber 1958b: 153）。也就是科學無從對最終目標、最終

關懷的選擇作出明辨與選擇。人一旦對最終目標與最後關懷有所選擇，那麼他已脫離科學的範圍，而進入了倫理或政治的範圍（Giddens 1991：28-29；洪鎌德 1998：165-166）。

韋伯批評馬克思的唯物史觀

除了青年時代的馬克思與恩格斯分別在《神聖家族》（1845）和《德意志意識形態》（1845-46）兩書中表明他們對所謂唯物史觀的看法之外，一般而言，有關馬克思對此一史觀最簡賅精要的解釋，莫過於他在《政治經濟學批判》〈獻言〉（1859）上所提及的那段話。他首先指出，在他批判黑格爾法哲學的導言上，他得到的結論是：法律關係和國家形式既無法從法律或國家本身來理解，也無法從人心的發展來解釋。因爲法政的根基在於人群生活的物質條件，也就是黑格爾所說的市民社會，但要解析市民社會就要靠政治經濟學。

這裡馬克思把黑格爾政治國家與市民社會的分別，化做他著名的社會形構二層樓（上下層建築）的譬喻。亦即人的物質條件之生產方式決定了其意識形態；社會典章制度與精神面貌的變化，起因於經濟基礎的變化。銜接上層建築與下層建築的中介乃爲社會的階級。在人類漫長的歷

史發展上，除了太初公社的部落生活之外，每一代的人類就是生活在階級社會中。由於社會分工與私產制度的緣故導致社會分裂成兩大階級：有產與無產階級。這兩大陣營持續不斷演展的階級鬥爭，就是造成歷史向前邁進的因由。在很大的程度上，馬克思相信人類的歷史在向前、往上提升，他對人類未來的歷史發展抱著樂觀的看法，這就是說明他是啓蒙運動的產兒（洪鎌德 1997c：265-277；洪鎌德 1997e：225-247）。

歷史最終的發展在使人類獲得解放，得到自由，也是人類社群本質的實現，在新社群中，人類可以和諧相處，過著不受分工、零碎化、異化、剝削、宰制之苦。

馬克思視解放為物質和社會進展的一個新境界、一個新天地（dimension），有異於韋伯只想探察無限實在的一小部份，馬克思要求對歷史核心作徹底總體的理解。生產方式的分析不僅僅是組織知識的一個方法，而且更是把握決定性的歷史因素。解放是內在於歷史發展裡頭的這種信念，也造成馬克思學說的基礎，在此基礎之上必然會要求把韋伯的兩元對立加以消除，亦即消除事實與價值、概念與實在、科學與政治的兩元對立。這些兩元對立的出現源之於韋伯對價值多元和無限之看法，也因為他對實在多樣性、龐雜性的強調。韋伯所以主張文化科學應該發展理念類型與瞭悟法，目的在對社會實在做部份的理解，這便反

映了韋伯的看法。反之，馬克思客體化的、理論的價值關係，便是他主張以規律的方式來瞭解整個歷史過程的變化。

　　馬克思採用黑格爾的觀點認為歷史的終結是和諧的，這點與韋伯採用尼采的說法強調衝突和宰制是永恆的完全相反。正像黑格爾主張的精神可以克服主體與客體的對立，馬克思揭櫫的共產主義試圖摒棄個人與社會的分裂。這將是階級鬥爭的歷史之完結，亦即擁有財產的統治階級受到沒有財產的普勞階級的「去除財產化」（剝除財產），從而使新的生產關係不再桎梏進步的生產力，人類將進入無階級、無剝削、無衝突、無異化的新社會——一個嶄新的社群（洪鎌德 1996c：52-56；59-64）——當中。以上是馬克思唯物史觀的簡要敘述。

　　可是，在〈社會科學與社會政策認知之客觀性〉（1904）一文中，韋伯卻對唯物史觀有相當尖銳的批評，他說：

　　　依據共產黨宣言古舊而具有創意、但卻素樸的含意所宣稱的，所謂的「唯物史觀」至今大概只能控制外行人及淺薄者的頭腦。對他們而言總呈現一種特殊的現象，假使不用經濟原因來解釋〔事象〕的話，那麼歷史的現象就無法達成解釋的滿足。就算勉強能夠找到一絲

假設或是空泛的言詞，他們也就志滿意得，這是因為把經濟當成「驅動力」，當成唯一「真實」、和「最終起作用」的說詞，滿足了他們教條需求的緣故。這一現象絕非單一的、孤立的，幾乎在所有科學的各部門，從語言學到生物學，他們自視為專門學問的生產者，而同時卻是「世界觀」的生產者。在經濟變革，特別是「勞動者問題」強烈的文化意義底觀感下，這種無法剷除而又不知自我批評的一元論思考的趨勢卻很自然地到處流行（Weber 1968c: 167; 吳庚 124-125，吳氏翻譯有幾處錯誤）。

由於韋伯接受新康德學派李克特（Heinrich Rickert 1863-1936）和溫德爾班（Wilhelm Windelband 1848-1915）的認知學說[註3]，所以拒斥其他的說詞，也就是拒斥黑格爾與馬克思的歷史哲學，蓋韋伯認為馬克思把一切歸之於歷史發展的「方向」是難以接受的。他完全排斥建構在歷史發展的普遍理論上之「決定性的計畫」。易言之，他拒絕歷史發展有必然性的任何說詞，更反對為歷史變遷劃分階段。

因為反對決定論，所以韋伯也就拒斥馬克思以唯物主義來解釋歷史的變遷。他進一步非難馬克思未能分辨「經濟圈」與社會其它的層面或界域（圈）之分別。

為此，韋伯刻意分辨「經濟的」、「經濟關連的」和「受經濟制約的」三種不同的現象。他稱經濟行動乃是藉和平的手段來獲取可欲的實利（utilities）之控制。但人類的其他行動，像宗教行動，對人怎樣使用實利的心態、嗜好有相當的影響，這便是與經濟有關的（關連的）行動。然而與經濟有關的行動、或現象仍舊可以同受經濟制約的行動、或現象分辨出來。後者不是單純經濟的行動，但卻是受到經濟因素的影響而產生的行動。有了上述三種不同的行動或現象之分別，韋伯說：「經過了上述所言，事實變得很明顯，第一，經濟現象的界線變成模糊不清、不易界定；第二，現象的『經濟』面向，不會只是『受經濟因素制約的』，也不只是『經濟關連的』而已」（Weber 1949：65）。喀爾文教對於西歐理性資本主義的形成，便可以用「經濟關連」、或「受經濟因素制約」的詞語來加以解釋。

　　韋伯尚指出馬克思以「經濟」來解釋歷史所造成概念的混淆，譬如馬克思不知分辨「經濟的」與「技術的」兩詞之不同。當馬克思略為陷入技術的決定論之際，其論證顯示相當不妥。像馬克思著名的說法：「手搖紡織機給你帶來一個封建主人的社會〔封建主義〕，蒸汽紡織機則給你帶來工業資本家的社會〔資本主義〕」（CW 6：166）。這種說法韋伯指其為技術性的論述，而非經濟性的評析。

這種說法是容易被證明為錯誤的。原因是手搖紡紗機的時代一直延續到現代的門檻，到處可以看到各種各樣的文化上層建築，這就是不限於封建主義，也包括資本主義等在內。換言之，某種特定的技術形式會與各種各樣的組織形態（封建主義或資本主義）聯結在一起。反過來說，亦即一種社會的組織形態也可能使用不同的技術。這可以社會主義為明證。它雖是有異於資本主義的社會體系與經濟體系，但仍舊使用資本主義的技術作為發展的基礎。

馬克思著作對韋伯正面的影響表現在韋伯對價值和理念的堅持，韋伯不認為這些價值與理念都是從物質利益衍生出來，不過卻有必要分析價值與利益的關係。韋伯也承認階級鬥爭在歷史上的重要性，但其重要性不當如馬克思所強調的。不同社會層級的群體和政治組合──包括民族國家在內──的衝突，至少與階級鬥爭同為主要文明歷史發展之重大事實。再說社會部份的利益，並不限於經濟利益，而應該把利益推擴至社會生活其他部門。作為爭取政權的政黨，其經濟的利益應該是多數人、跨階級的利益，而不該像社會黨以工人階級的利益為唯一的訴求（Giddens 1991：28-29；洪鎌德 1998：163-165）。

馬克思與韋伯論資本主義

在馬克思中年所寫的長稿，亦即爲《資本論》（1867）而收集、準備的資料《政治經濟學批判綱要》（簡稱《綱要》Grundrisse 1857-1858）於20世紀中葉（1953）公諸於世之後（Marx 1953, 1964, 1971, 1973），人們獲得一個印象，就是他對歐洲歷史發展的討論同韋伯的分析非常接近。在這部長稿中馬克思承認古羅馬已發展出資本主義的雛型，只是這種最早期的資本主義發展到一個「死角」（dead end）便停滯不前。這種說法與韋伯的分析相似。詳言之，後來出現在西歐的資本主義之特徵，包括資產階級的產生，都曾經在古羅馬時代曇花一現。但造成古羅馬資本主義沒落的原因，爲當時意識形態對財富累積的壓制，他說：「財富並不構成人生追求的目標……各方所提出的問題只是哪種的財產可以促成良好的公民之產生。只有很少營商的人對追求財富感覺興趣」（G 487；Marx 1964: 84）。在古羅馬時代，財富並沒有內在的價值，它們只帶來「私人享受」而已。當時人們也賤視勞動，視勞動與自由人的身份不相牟。

馬克思指出，中古以前的歐洲存有各種各樣的資本主義形式。商業性的資本曾經在古羅馬時代存在過，亦即存在於並非資本主義的生產方式之社會中。商業的活動向來

被社會邊緣人像猶太人所推行。是故商業資本存在於各種各樣的社會型態裡，也是生產力發展的不同階段之上。除古羅馬之外，尚有很多的社會，其社會之一部份發展非常迅速，但社會其他部份卻很落後，以致整個社會的經濟進展緩慢。這種社會的典型馬克思指出一例：即古代祕魯，它曾經有相當規模的經濟發展，但因為地理上的孤立以及貨幣體系尚未建立，故其經濟進步還是有限（Giddens 1991：32；洪鎌德 1998：170-171）。

如果馬克思可以復活，他可能會同意韋伯視資本主義新社會的文化價值為對合理性、合理化（rationality）的強調。不過馬克思在處理英國資本主義的崛起時，卻把合理性當做為社會發展的結果，而與韋伯視為資本主義社會生成的原因不同。馬克思把資本主義興起看作為強制性與外面壓力所引起的。馬克思曾經這樣地描述資本原始累積的情況：

> 教會財產的竊佔、國家轄地欺騙性的割讓、殖民農地之掠奪、封建財產和宗族財產的竊據，甚至在不擇手段的恐怖主義情況下將這些公產轉變為私產，都可以說是原始累積的動人方式（*Capital* I: 805；*C* I: 685）。

當然韋伯也知道暴力的使用，是造成資本累積的手

段，只是單靠暴力卻不夠的。馬克思認爲資本主義爲封建主義的產品。封建領主奢侈豪華的生活方式只強調消費而不講究生產，加上窮兵黷武耗盡國庫，造成他們權勢的沒落。在中世紀後期，貨幣的引用使地主把其慾望指向商品的購用之上。隨後英國綿毛價值的暴漲，造成貨幣使用的頻繁，欠缺貨幣的封建領主遂圈地來豢養大量的羊群，也使本來從事農耕的農奴與移民，被迫離開田園湧入城市。其結果是原來爲地主與農奴之關係，變成了純粹以金錢爲基軸的雇傭關係。

農民由農地趕出，遂成爲失根的飄萍，成爲沒有土地的普勞成員，他們不再爲直接的消費而進行生產，而是爲商品市場而生產。在城市中新的階級崛起，這些就是參加行會的工匠、師傅、技藝之徒，和小市民（petty burgers），以及普勞階級中之一小部份。他們利用這種變動的情勢鳩集有限的本錢，從事小本經營的生意。他們就是工業化初期的小型企業家。這也就是馬克思所言17世紀新興階級，亦即推動英國革命以對抗舊的商業階級與有產階級的新興勢力。

至於這批新興階級何以能夠戰勝舊的重商與資產階級，馬克思並未加以說明，他也沒有解釋新興資產階級爲何與傳統經濟行爲決裂，以及新興階級與普勞階級的價值觀、心理因素等等之變化。他只提及工人遵守秩序的問

題，亦即「資本主義生產的降臨發展出一個勞動階級，這個靠教育、傳統和慣習而產生的勞動階級，其發展是如同自明之理的自然律，而建立在生產方式的條件之上」（*Capital* I: 809; *C* I: 689）。

顯然，馬克思對資本主義的產生，以及普勞階級在資本主義的運作中所扮演的重大角色，是視為生產方式變化之結果。他對勞工的價值與心理因素，只簡單用「教育、傳統與慣習」來加以一筆帶過。這種把經濟生活的合理化，只解釋為「資本主義發展內在律」之運用，未免太過簡單。

韋伯的看法就不一樣，他知道社會科學的可貴之處，在於透過歷史的資料進行比較研究。因之，同是資本主義的課題，他便比較古代羅馬、中古北義大利和近代荷、英等地，也比較了基督教不同流派（天主教、誓反教、喀爾文教、大英國教）分佈地區之資本主義的發展，更探究古中國與印度未出現資本主義之因由。

由於他不受歷史進步的觀念所束縛，因之，不把同代印度與中國資本主義的不發達看作是「被阻卻發展」（arrested）、或「初期資本主義」（preliminary capitalism）來看待。研究印度與中國更增強韋伯對宗教會促成阻擋資本主義之產生與發展之看法，譬如說印度喀斯特（階級）制度，禁止個人職業的更換，與西方近代打破行會的壟斷

剛好相反。由是可知宗教信仰對經濟制度所產生的衝擊。依據韋伯的說詞，猶太教傳承給基督教有關禁止壟斷與巫術的濫用，就是造成西方人崇尚理性的源泉，是故去魔術化（*Entzauberung*；disenchantment）成為理性的經濟技術浮現的先決條件（黃瑞祺 1996: 189-190）。但宗教理念也常為宗教帶來未曾預期的結果，例如宗教改革的世俗化、日常化，其後導致人們對宗教本質的懷疑，最終放棄了宗教的信仰，便是一例。不管如何韋伯說道：

> 我們自然不是關懷當代倫理教義中理論上與官方上所教誨的種種切切……我們所覺興趣之物剛好相反：我們所覺得盎然有趣的是發源於宗教信念和宗教實踐的那些心理上的獎懲之影響。這些心理影響對個人實際的行動有所指引，也是使個人始終奉行不渝之行為導向（Weber 1958a: 97）。

韋伯指出，中世紀天主教會規定教友必須時時告解懺悔，是以個人對人生的意義完全由日常瑣碎行事與禮拜日的告解中略窺一二。除了僧侶有時間去思索人生，一般常人、俗人的赦免，完全靠教會這種跡近施放魔術的告解行動。是故有路德的反彈與宗教改革。路德堅持每個人的信仰是教友與上帝之間的對話，不需教會或僧侶的介入。他

引入了「召喚」（*Berufung*; calling）的觀念，認為每個人（不限於僧侶）都會受到上天的召喚去認真工作與禮拜上帝。

喀爾文引伸路德召喚的意義，認為上帝是超驗的存在，並不活在塵世之上，人是否被召喚變成上帝的選民，不是任何一位教友死前就會知道的。人既然不知自己是否獲得上天的恩寵得以拯救，則只有在有生之年，於現世中拼命工作，勤奮工作是對上帝光榮的禮敬。一個人如何才能成為上帝的選民，那就是要去掉人的自然性、動物性，而對自己的生涯有理性的規劃。人在現世可以累積財富，但不得將財富濫用於歡樂之上。既然人可以擁有財富，但又必須清心寡慾，則財富的不立即消耗便可以再投資，由是資本累積愈來愈雄厚。清教徒這種相信個人成功的事業、勤奮的工作和清心寡慾，是他們被上帝選擇與獲得拯救之途，這也就形成他們為一群堅強而富理智的中產階級之成員。新教中產階級的驕傲，產自他們獨立不屈的奮鬥意志，不容許外物干擾個人在現世的命運，不屈服於世俗的權威，只堅持內心孤獨的信仰之純真。這種階級的驕傲也帶來清教徒的獨立自主與行事的斬釘截鐵跡近殘酷的性格。清教徒反對感性，也反對自動自發、隨興所至而流露出來人的本性。在政治上，清教徒反對專制和威權政府（高承恕 1988：61-70）。

要之，韋伯有關資本主義的制度之說法，是不認為這些典章制度機械性地從封建主義演展出來。反之，這些典章制度出現之前，社會有其特殊的價值、特別的心態的要求，其目的在使資本主義發展的潛力得以發揮。16與17世紀英國的社會史和清教徒的經濟角色剛好提供給韋伯發展理論的根據，使他相信宗教理念在歷史發展上所引發的作用。清教徒在英荷的表現，以及路德教與天主教在德國的保守作為，成為一大對照（姜新立 1997：212-216）。

韋伯在涉及喀爾文教時，提出兩點的看法：其一，喀爾文教徒的價值觀便利了資本家的活動，提供清教徒追求利潤、財富的意識形態；其二，清教徒在擁有這種價值觀之後，將其人格變成中規中矩，幾近冷酷無情的企業經營者。就是清教徒內心的這種絕情無義與堅強信仰，使他們揮別傳統，告別權威，不受教會與國家的羈束。宗教觀念的內在發展以及清教徒性格的堅忍強悍，是經濟活動的先決條件，也是造成中世紀社會體系崩潰與革新的動力（Weber 1958a：108-128）。韋伯把意識形態和心理的變項插入於歷史的分析中，使馬克思視為當然的社會現象有了更細緻、更深刻的解析，這是韋伯補足馬克思粗枝大葉的地方（Birnbaum 1991: 7-17）。

要之，韋伯如同馬克思一樣，認為資本主義社會的文化特質—講究合理性、競爭性、技術效率等，特別是對經

濟目標的追求，乃是對價值標準的追求。既然價值標準是人設定的，因之，它包含有隨意、任意的色彩，也是敵對利益之追求，同時也是一種任意、隨意的表現。這是對傳統社會利益的固定（包括固定的分配）之告別，資本主義遂可視爲對傳統生活方式之決裂，也是對傳統的世界觀、人生觀的決裂。其原因是資本主義是以技術效率的最大化爲其核心。如此一來，過去舊社會的神祕、魔術、無知、神明一一被打破。這也就是韋伯所強調的「去魔術化」、「去魅力化」，而揭開世界神祕的面紗，讓現實呈露在世人之眼前（陳介玄 1989b: 142；黃瑞祺 1996: 189-190）。

儘管科技的更新迅速，但工業資本主義的興起，主要的是同自由勞動的合理組織關連密切。這個勞工的自由組織之條件，曾經在世上某些地方出現過，但其完整的改善形式卻只有出現在西方世界。這是由於西方建立了「法律與行政合理的結構」之緣故。韋伯遂解釋：「現代合理的資本主義不但需要生產的技術手段，也需要可以計算的法律體系和行政組織來制衡和執行形式的法條」（Weber 1958a：25）。

爲何這種的法律與行政產生在西方？是什麼條件促成這類制度的產生呢？對此，機械性的馬克思主義者之解釋爲西方的制度特質正反映其主要的、宰制性的經濟利益，亦即西方的法律與行政源之於其社會之經濟利益。這種說

詞未免太簡化，也非適當的回答問題的方式。韋伯的答案則大異其趣，他說：

> 在其他的因素之下，資本主義的利益毫無疑問得力於一群受到合理法律訓練的法律專家協助。他們把法律與行政建立主導性的社會制度，儘管法律專家的貢獻並非唯一的，也非最重要的因素。這些利益本身並不創造法律。有相當的因素對法律的發展產生作用。可是在中國和印度何以資本主義的利益不起作用呢？爲什麼在那裡〔中國與印度〕科學的、藝術的、政治的和經濟的發展不走上合理化之途，一如西方之所爲呢（*ibid.*,25）？

韋伯刻意展示一項有意義的關連，亦即在倫理與宗教體系的訓誡與資本主義的形式體制下經濟行爲之間，存有相似之處，這就是他在方法論上所強調的「選擇性的親近」（*Wahlverwandschaft*；elective affinity）。特別是他企圖尋找「在調查最重要的宗教與經濟生活之關係，俾發現同西方發展可資比較之處」（*ibid.*,27）。從上面他的自白，可知韋伯並不是設定一個超驗的、唯心主義的經濟倫理當做片面的經濟行爲的因果架構來處理；反之，卻是強調互動的關係，這關係中同時是原因與結果，它們在實際的歷史中，把倫理與經濟、結構與行動者、宗教與實際的利益結合在

一起。

馬克思與韋伯論民主政治

　　一個很平常的說法是指稱馬克思厭惡布爾喬亞式的民主，而韋伯則讚揚西方的民主，因之兩人的政治主張完全相反。事實並不是這樣簡單。馬克思誠然對他所處時代的競爭性資本主義大力抨擊，也對德、法、英、美等資本主義國家的民主加以批評，但是他早期醉心的「激進民主」，與後期宣揚的共產主義，卻是一種「實質的民主」（substantive democracy），或稱理想的、規範的民主，而有別於他所經歷與指摘的「代議民主」（representative democracy）。因之，就馬克思而言，對不同形式的民主抱持了不同的態度。至於韋伯雖然對保護民權和個人自由的西方民主頗為賞識，但對民主政治的權力運作所產生的合理化和官僚化相當擔心。因之，在他的著作中顯示對民主化過程與後果的憂慮。他毋寧是對西式的民主發展持疑慮的態度之理論家，而不可視為自由民主的狂熱擁護者。

　　在批評黑格爾的國家學說之同時，馬克思也討論了「真正的」民主問題。對他而言，「真正的」民主，是指一國的憲法不再是同其社會抽離（abstraction）的憲法。反之，卻是一部由人民自行決定制成的憲法，其精神完全

擴散到社會各行各業之中，亦即滲透到人民的社會生活當中（*CW* 3：29-32；Marx 1970: 29-31）。在「眞正的」民主裡，馬克思說：

> 人並非爲了法律而存在，而是法律完全爲著人的好處而存在。民主是「人的顯現」（human manifestation），可是在其他的政治型態下，卻只有「法律的顯現」（legal manifestation）....在〔眞正的〕民主中，形式的原則同時就是實質的原則。爲此原因〔民主〕乃是普遍性與特殊性眞正的統一（*CW* 3：30）。

馬克思是把「眞正的」民主等同爲人的存在，這種等同爲他的論證提供最終的辯護。這也就是說馬克思最終的價值在於落實人的生存，而民主正是人這種理想的存在方式（洪鎌德 1995b：100-104）。人的合理存在方式就是人性回歸：回歸到種類本性和種類生活，也回歸到人成爲亞里士多德所稱呼的「政治人」、「社會人」（*zoon politikon*）。要之，恢復人的社群本質（*Gattungswesen*, communal being）（*CW* 3：296；Marx 1963：157-161）。

馬克思主張，人的存在不是爭權奪利的個別私人之單獨存在，而是人發揮他獨一無二的能力，控制其社會生活中的物質與精神的產品，俾在社群和諧、自由與合理的情

況下，達成人需要的滿足與自我的實現。當個人的需要和關係依靠社群本質來實現，也證實人為社群的動物時，人的存在便告落實（洪鎌德 1997c：221-222）。真正的民主乃是這項種類能力的政治性之概念化，也是種類能力能夠把社會的利益與個人的利益之分辨揚棄，進一步使公私利益融會貫通的生活方式。

在這一意義下，馬克思心目中的真正民主無異為他青年時期所嚮往的「哲學的共產主義」，亞威內里（Shlomo Avineri）就認為此時青年馬克思的民主觀是建構在人的「共產本質」、人的社群本質之上（Avineri 1968：33-34；洪鎌德 1995b：101-102）。

馬克思早期的著作顯示人的這種種類能力尚未發展完成，這是受到現實政經與社會制度的抑制與束縛之緣故。在現實的生活中，人在市民社會裡勾心鬥角、爭權奪利，也受到「我們社會非人性條件和整個組織」之統治，其結果「人還不是真正的種類動物」（CW 3：159；Marx 1963：20）。既然民主為人存在的方式，而現代的市民社會又適得其反，為非人的條件所制約，是故現代社會乃為貶低人性、踐踏人性之「政治的動物世界」（CW 3：137；Marx 1979：277-278）。

馬克思的基本心態是對政治的敵視（hostility to politics）。他認為政治是圍繞在階級利益之上所引發的衝

突與鬥爭。在他的心目中各式各樣的政府——政體——在「政治上」都是惡的（姜新立 1997：146）。未來共產主義一旦實現，社會不再有任何的階級之存在，自然無階級敵峙與階級鬥爭的出現。在那種無衝突的社會中，新人類不但揚棄了物質的匱乏，也對政治制度的需要和對法律制度的需要一併棄絕。在共產社群中，每個人自由的發展成為社群全體自由發展的條件。在「生產者自由的聯合」下，個人的選擇與集體決定不會產生齟齬。個人偏好的累積便形成集體的選擇。於是恩格斯所說的「人對人的統治變成了人對物的管理與計畫」便告實現。這就是造成馬克思對民主制度運作的忽視，也是他對民主體制不肯深入考察與思考的原因（Schwartz 1995：104-105）。

馬克思的這些概念（民主、共產本質、社群本質、種類生活等）是內存於他的歷史哲學當中，但同時也形成他對現代社會檢驗與估價的判準。其結果是分析與批判結合在他的研究方法當中，形成一體。他遂主張資本主義社會對人類能力的壓制必將取消，人的能力必將在未來民主的社群中重現（洪鎌德 1996c：60-64）。在這種說詞之下，馬克思斥責現行憲法對人自由的保證，認為這只是人表面上、法律上的自由保證，以及個人權利之保證，並無法使人進入真正自由之域。這是與未來共產主義社會落實的社群民主明確對照的。在馬克思對資本主義社會的分析與批

判當中，我們發現他的論證常有增大與轉變的地方；獨獨在策略方面，仍遵守這種一面分析一面批判，或稱分析與批判同時進行的研究策略。例如他早期集中討論異化現象，壯年以後改強調剝削的問題，顯示研究重點之轉移，但在研究方法方面，仍舊採用分析與批判雙管齊下的策略。

有關代議民主，馬克思比較廣泛的論述可在他對黑格爾法律哲學的批判中發現。對黑格爾而言，代議政治是市民社會中個人的利益同國家追求的整體的利益之中介和協調。馬克思反對這種論點，因為政治的代表──代議政體──並不會觸及市民社會裡頭的社會關係，這是由於代議者只追求其本身的利益，而很少顧及民眾的權益，從而使個人利益和公共利益的調和成為不可能（*CW* 3：49, 50, 63-65, 128；Marx 1970：64, 123, 126）。

立法的代議制僅僅是社會關係中相輔相成的一個政治面向，這是內在於他心目中真正的民主體制當中。馬克思對代議制做如是觀，成為他分析與批判政治代表制的現代形式之基礎。在代議制之外，他的批判還擴張到普遍選舉權和全民投票運動。馬克思承認在這個發展裡頭隱含的一個原則是認為國家才應該代表全民的利益。誠然能夠推行全民投票與普遍選舉權標誌國家形式比從前大為進步（*ibid.*, 121）。不過只要市民社會仍舊是人群物質利益爭奪

的場所，而非一個民主的共同體，那麼國家作爲全體的、普遍的利益之代表者底原則便無法實現。是故，取消以財產之有無或多寡來限制投票權，並無法建立主權在民的民主原則。反之，現代「國家…容許私產、教育、職業按其特殊方式來發揮作用…也就是表現了上述各種事項的特殊性質。〔國家〕不但沒有把這些事項的分歧化解，國家反而是以上述事項〔私產、教育、職業〕的分歧爲其存在的先決條件」（*CW* 3：153）。

馬克思在其後的政治與歷史著作中，對代議的政治過程有廣泛的討論。有時他也會贊同議會制度與普遍選舉權，俾促進普勞階級革命的發展（*CW* 11：335）。此外在《法蘭西內戰》（1871）中，馬克思提及從資本主義轉型到社會主義的過渡期間設立一最起碼的、民主方式控制的國家乃屬必要（*CW* 22：331-335）。不過，一般而言，他對代議民主採取指摘的態度。

當馬克思對未來共產主義的實現極爲樂觀，而深信民主最終的落實是歷史發展的必然之際，韋伯則對這種的預測不感興趣。他倒十分擔心，他所處的西方社會造成民主化路途的坎坷不平，阻礙橫生。這樣的說法並不意謂韋伯排斥民主議程上所牽連到的社會的德目（諸如公平、自由、安富尊榮之類）的追求。事實上，韋伯的政治著作透露他終身的奮鬥，也就是他掙扎在兩項可欲之間：一方是

自由主義和民主的嚮往；他方是德國民族主義和德國國際
權力地位的追求。他置身於這種價值與目標的特殊情況
中，是與俾斯麥之後德國政治與社會局勢的變遷息息相關
的，以致在韋伯的政治作品中不能不析論後俾斯麥時代的
政局發展、經濟走勢和社會趨向。

　　基本上，在方法論方面韋伯避開大而無當的、包天覆
地的寰宇性原理之提出。不過，在他的著作中，倒有幾項
假設含有寰宇性的意味。所謂寰宇性的特質，就是放諸四
海而皆準、俟諸百世而不惑的原則。這表示不容許有異例
（例外）的情況發生。不過在歷史的變化中，卻容許這類
原則、設準、假定有不同的面目與形式之出現，而非固守
其本質。在韋伯的分析觀點裡，我們可以找到兩項設準同
民主的考察有關：其一為演化天擇造成的不平等；其二為
菁英的宰制（Cohen 284-289）。

　　首先，由於物競天擇，優勝劣敗，基於生物學與社會
學的標準，社會秩序不是平等的，而是不平等的。亦即社
會的結構就是一種不平等形式的結構，韋伯說：

> 選擇是無可避免的，因為至今為止似乎尚無消滅選
> 擇的方法底出現。就算是嚴格的和平秩序也只能把衝突
> 的手段、或把爭執的目的物與衝突只做部份的消除……
> 就算是烏托邦式的假定人們可把所有的競爭徹底消除，

情況仍會走向潛在的競爭的過程，在競爭過程中適合於條件者將會脫穎而出，不論他的本領是遺傳還是得自於環境（Weber 1968a：39）。

由於每個社會中無法抹煞的社會衝突隨處俱在，選擇的因素使得某些形態的人蒙受利益，他們藉機爬到優越的地位之上，而在發號施令（Weber 1949：27）。

其次，章伯的第二項設準涉及宰制結構的無處不在。他說：

> 毫無例外，社會行動的每一部份是深刻地受著宰制（優勢 dominancy）的影響。從不具形態的、散漫的社會行動逐漸浮現為合理的組合的一大堆例子中，可以看出這種合理組織的浮現是得力於優勢，以及在團體中這種優勢的主導作用促成的。就算是情形並非如此，優勢的結構仍舊決定性地規定了社會行動的形式，以及它怎樣朝「目標」取向〔定取方向朝向目標〕（Weber 1968a：941）。

所謂的優勢、或宰制是指涉權威性的權力，它在統治者與被統治者之間建立起一種命令與服從的關係（吳庚60-77）。雖然章伯並不刻意把宰制的結構視同為不平等的

結構，但很明顯兩者還是有關連，那就是說選擇（天擇）的過程，使優者、適者可以躋身於社會結構的領導地位之上。

比起馬克思來，韋伯花了更多的心力去考察代議民主的結構與過程。現代國家的代議民主，其推行仰賴技術官僚。對專家與技術官僚的需求，尚非造成民主從不平等走向優勢宰制的重要原因。經濟的分歧化也產生同樣的結果。其原因為經濟力雄厚的人擁有財力與時間參與公務，甚至取得管理層的重要職務，這也是秀異份子（notables）進行統治的因由（Weber 1968a：949），也是財閥操縱政治的原因。

技術官僚和經濟兼社會地位優越者所形成反民主的影響，會隨著團體規模的擴大，增大不平等的上下統屬結構。現代官僚技術上的優越性來自於「始終合理化的、方法上準備好的、精確的執行，亦即執行上級給予的命令」（*ibid.*,1149）。改善生產能力的合理成份增加了「主子」對百姓滿足口腹之慾的控制（吳庚 81-91）。因之，韋伯指出，「主子」對物質資料的控制之集中，是與官僚勢力的膨脹同時進展。韋伯認為，自主的私人工商企業將生產工具掌握在其手中，加上大批為飢餓所驅使、被迫勞苦操作的無產大眾，就構成了現代的官僚資本主義。

現代國家把工人從物質資料的生產、消費、行政、學

術研究和一般財政中分開出來，亦即將工人從政治、行政、軍事、學術部門分開出來，這也是從私人的資本主義之經營管理分開出來。無論是公是私，處理這些資料的乃為官僚機器，它隸屬於直接握有權力的人。因之，官僚的集權並不限於公家的機關，也滲透到各行各業之中。在這種情況下，所謂的「大眾民主」（mass democracy）並非人民當家作主，而是「在面對統治群體和官僚群體時，被統治者被壓成齊頭的平等，而統治群體和官僚群體卻佔有單獨治理的〔優越〕地位」（Weber 1968b, 3：985）。這裡韋伯雖然引進了「大眾民主」一詞，但其意義並非當代歐美學者心目中尊重人權、鼓舞人民參政的自由民主，而是朝向「準財閥分權」（crypto-plutocratic distribution of power）的民主（*ibid*.,989-992；1401-1403）。一個完全的官僚國家，其權力的凝聚會把所有獨立自主的人民社團及反對勢力加以吸收，也嚴重威脅了「獨立」的個人之存在[註]。

　　儘管韋伯面對聲勢日大的官僚化之威脅，但他並沒有宣布資產階級社會的死亡。反之，他認為西方的歷史發展尚屬開放未定：西方人的命運還得依賴民主與官僚之間的鬥爭而後決定。韋伯強調政治家的角色，認為他們可以削弱官僚在機構中擴權的的野心，也拒斥外頭控制的企圖。他們不像是事事服從的官僚，可以在諸神、諸種價值與目的之間做明智的選擇，因此成為官僚宰制的對抗力量。政

治家應具三種卓越的特質：熱情、責任感、判斷力，他們不但爲理想目標而獻身公共事務，更應抱負責盡職的精神，把政治當成他們終身不渝的志業（張家銘 1987：16-20）。

對韋伯而言，政治乃是有關利益和權力的獲取與擴大之鬥爭，政治也是透過折衝談判而把衝突加以辯論、並加以修正的公共競賽。政治家應該根據「責任倫理」追求其選民所囑託的信任之落實與選區利益的實現。政治家應衡量得失，並不時以彈性與妥協的心懷來選擇價值做好判斷。儘管科學無法決定政治問題，無法對價值有所抉擇，但卻可以分析採取何種的價值、利益所能造成的結果，亦即爲行動的後果提供訊息，而在發生爭執時可以注入理性的解決之道。

民主需要擴大監督的力量與責任，因之，有賴強有力的國會之運作，伴隨著相互競爭的政黨仍屬必要。此外，「輿論制衡的權力」也有必要，目的在促進國會中權力的分配。

韋伯雖期待議會民主的到來，但卻堅持權力仍舊是掌握在「主子」的手裡。此外，他又力稱：「民主化與譁眾取寵的煽動人心是聯結在一起」，而民主的領袖之崛起與討好群眾的不擇手段有關，韋伯認爲大規模的直接民主是一種幻象，就是代議民主也受到煽惑群眾的趨向所削弱。

民主的最大好處在於減少控制，也就是讓利益相爭的群體建立起一種有限的、理性的、和平的鬥爭方式，來解決他們之間的歧見。就是要達到這個理想仍須有制衡力量之存在：亦即官僚、專職政治家、群眾領袖、工會和資本家等之相互制衡。韋伯對民主的理念並不與其膨脹的官僚主宰、財閥統治和價值衝突等等他向來的看法相互矛盾。原因是現代的民主尚未克服鬥爭，也尚未克服上下垂直的統屬關係，現代民主只是透過日常化、和平的方法來介入與限制衝突，從而使鬥爭和上下不平等合理化，同時靠可以預測的法律手段來保障「主子」們的特權。

在一個衝突頻生的世界中，各國都在追求國家利益與國家目標，韋伯不認爲和平主義值得推崇和效法，他期待德國擁有與其地位相當的國家權力，俾追求其國家利益。儘管他對德國民族主義的追求，隨著局勢演化而多次轉變，一般而言，韋伯贊成維持一個強大的德國，俾能統一民眾，而保護他們的文化利益。

就像馬克思一樣，韋伯是一位「現實主義者」，也就是發現現代經濟、社會和政治上人們處於不平等的地位。但有異於馬克思，韋伯並沒有鼓吹歷史發展趨勢，或鼓舞群眾的行動，俾能減少或消滅各種各樣的不平等。馬克思與韋伯有一個重大的分歧：馬克思處理問題的方式表現在批判不平等，尤其抨擊經濟上的不平等[註5]。反之，韋伯則

以平常心接受不平等的事實，頂多視不平等爲人類的宿命，最重要的是，韋伯擔心，爲了剷除不平等，反而造成官僚擴權，最終導致社會動力與韌性的毀壞，民眾陷入更大的不平等災難之中（Antonio 1985：25）。

從前面的敘述可知，韋伯對政治生活的不平等和宰制的概念影響了他對民主的前瞻。值得注意的是，馬克思和韋伯所討論的民主都是在工業革命和法蘭西大革命之後，西方社會、經濟、政治和文化劇烈變化，而告別舊政權和舊社會的時候，這也是資本主義由競爭性、轉向壟斷性與寰球性大肆擴張的時代。馬克思和韋伯均認爲，民主的政治形式，尤其是代議民主，基本上在爲新興的中產階級之利益提供保障與促進的機制。

因之，本質上馬克思和韋伯對民主體制的實行都不懷樂觀的看法。馬克思甚至把現存的民主政治看成資產階級利用國家機器剝削與宰制工人階級的手段，強調普勞階級所享有的法律上規定之自由平等爲虛有其表的「權利」。究其實，生活在資本主義社會中的工人，是在異化與剝削中喪失人類本性的生產機器。爲此他竭力抨擊現存的民主制度之不合理，認爲只有在法律、政治和社會上講求人的自由平等是不夠的，眞正的民主必須在生產的領域、經濟的領域，落實人民當家作主的願望，才能獲致。是故他主張在推翻資本主義之後，重建一個新的社會——共產主義

的社會。在新社會中，新人類將會揚棄階級對峙、消除階級分辨、取消國家壓迫、廢除法律約束、解開道德規範，使人人在和諧歡樂的群體中過著理性、和平與自由的生活，亦即恢復人的社群本質，變成名正言順的社會動物。是故馬克思批評現實的民主，而寄望未來的民主。他也以未來必然實現的共產主義的民主爲尺度，來衡量與抨擊現行民主體制的缺失。

　　韋伯同樣對現行民主缺乏信心。這是由於現行西方民主建立在兩項致命的基本假設（設準）之上。其一爲透過優勝劣敗自然淘汰的天演過程，造成社會結構之不平等；其二，不平等的結構便利才能出眾者、心懷大志者佔據高位，而造成強凌弱的宰制現象。不平等與宰制最明顯地出現在兩個領域中，其一爲市場，其二爲國家。由於影響現代人命運最嚴重者無過於經濟生活與政治生活，而偏偏在這兩種生活中不平與宰制卻控制了人的一生。是故，韋伯視合理化、現代化、民主化所帶來的社會不平與宰制爲現代人的宿命。在政治活動上，由於政黨的出現，成爲西方議會中爭權奪利的主角。代議民主實際上爲政黨爭衡的表現。代議士代表選民的利益少，代表政黨的利益多。由執政黨所主持的國家大政，實際上是由政黨官僚轉化爲政府官僚對國家機器的霸佔。民主政治所強調的人民當家作主，直接決定國家大政方針，只停留在口號的階段。在國

家的操作方面，一般大眾干預、介入、參與的機會幾乎等於零，是故民主政治虛有其表，官僚統治則爲其實。這是韋伯對民主前景不看好的原因。

　　由此看來，馬克思與韋伯都是對現行民主體制相當不滿，盼望其改變的思想家。當馬克思期待藉普勞革命來建立未來的新民主時，韋伯只期待魅力領袖的出現來節制官僚的霸權，但對韋伯而言，社會的不平與宰制現象永遠存在，這是人類的宿命，是無從改變的命運，所以民主的前景是黯淡的、無望的。

結　論

　　卡爾・麥爾（Carl Mayer）在1970年代中期，曾經在一篇有關馬克思與韋伯觀點歧異的詮釋中，指出：近期歐美人主張馬克思與韋伯在研究主題的細節方面雖有種種的差別，但關於基本方法論兼理論的預設，韋伯並沒有對馬克思絕然的排斥。另一方面，後代的學者也認爲兩人對相同的主題進行實質的分析，這包括現代世界的結構、其發展情形，及其發展結果。麥爾遂提出五個主題來說明兩人觀點差異之處：(1)意識形態；(2)社會行動；(3)辯證法；(4)進化；(5)科學（Mayer 1974, 1975；洪鎌德、邱思愼 1995；本書第四章）。

在意識形態方面，馬克思主張它隸屬於社會的上層建築，是人類實際存有的方式之反映，但有時卻是社會的虛假或錯誤意識。韋伯雖然也承認「實在的」與「理念的」對應，但不認為理念是受社會實在所制約。換言之，理念有其自主獨立之時，而非由經濟基礎所決定。

在社會行動方面，馬克思雖強調人類的行動與實踐是造成經濟的結構與變遷的手段、機制，但行動只是一個依變項，而非自變項，它卻受著生產方式的制約。反之，韋伯不認為人的行動從人的社會存在衍生出來，而主張行動有其自主的地位。在此理解下，社會的變遷非賴社會生產方式結構性的變化，而是客觀環境與主觀行動的相互作用。其中魅力領袖的「卡理斯瑪」（charisma）註6有時發生重大的作用。要之，韋伯將行動的決定論易之以非決定論。馬克思甚至認為科學可以告訴吾人朝那個方向去行動才是正確的，韋伯則否認科學對人類行動的選擇有絕對的作用。科學是事實的認知，行動是價值的選擇。

有關辯證法與社會變遷的規律方面，馬克思承襲黑格爾的理念的（ideal）辯證法，把它轉化為實在（reality）的辯證法，亦即化解既存矛盾提昇到更高的層次。韋伯雖也贊成衝突對社會變遷的重要，但不認為衝突本身可以轉化為一套事物變化的內在辯證動力。要之，馬克思搞衝突辯證邏輯，可是韋伯卻持特定衝突之多種可能性的理論。

但弔詭的是馬克思期待最終社群（共同體）的出現是一個無衝突、無鬥爭的和諧社會。反之，韋伯卻認為社會的衝突永難根除。

在涉及社會的演化、進化方面，馬克思雖也主張革命（社會內的辯證發展），但卻也贊成循序漸進的變化（由一社會轉變成另一社會）。新社會係在舊社會的子宮中孕育，比起舊社會來更為進步發達。韋伯則反對社會進化觀，他反對後進的社會由前一個社會演變出來；他反對後進比先前的社會擁有更高的（政治、知識、道德）價值；他反對發展有階段性、有必然性。

在最後一點上，關連到歷史兼社會發展的意義與目的，以及科學研究的範圍，對馬克思而言，牽涉的問題是歷史所趨向的終極目標，以及在歷史發展過程中自身呈現的終極意義。馬克思相信科學能夠針對歷史的終極目標與意義提出來清晰明確的解答，這就是科學的社會主義之使命，亦即以科學的必然性證明社會主義顯現為歷史的必然歸趨、為歷史的終極目標。韋伯認為對歷史的科學分析，無法達成歷史終極目標與意義的解答。換言之，對他而言科學的社會主義同空想的社會主義並無根本上的差異。

我們在結論之前，所做馬克思與韋伯問題意識的比較分析中，與上述麥爾的剖析與比較大體上是相輔相成的。只是我們注重馬克思與韋伯有關社會典章制度的比較與差

別。基於人是組成社會最基本的單位，所以我們由兩位對人的看法、人的社會存在、談到社會、歷史、資本主義與民主政治看法的不同。

要之，從韋伯看待馬克思，到韋伯與馬克思幽靈的對話，都成爲20世紀下半葉歐、美社會科學界爭議不休的論題。台灣對馬克思與韋伯熱烈的研究，毋寧是學術界與思想界可喜的現象，本文集以最近西方學界對兩大家對壘的舖敘與剖析爲主，而以台灣學者的思考與探討爲輔，希望這一選譯與改編的文集，有助於讀者對當代思潮的理解。

註　釋

1. 普勞階級（*das Proletariat*），以前譯爲普羅階級。目前台灣街頭琳瑯滿目的廣告，稱普羅汽車、普羅飲水機、普羅齒科，係由 professional（專業）前面 pro 的發音，而衍生的。爲了區別「專業」，本人建議把普羅階級改爲普勞（普遍勞動〔勞心與勞力〕）階級。

2. 方法論個人主義是韋伯以來，一部份西方社會學家解釋社會現象所採取的立場。對他們而言，社會現象雖是人群集體的現象，但仍可以把這些現象（像階級、權力、教育體制等等）化約爲諸個人的特質、或個人之間的關係。這種研究取向明顯地與方法論整體主義（methodological holism）針鋒相對。後者主張社會單元（像群體、制度、社會）都是儼然有別的整體、或總體，無法分解爲其成員活動之

總和。主張方法論整體主義者有涂爾幹。他便認為社會事實（social facts）可以在個人之外、或稱超於個人，而加以研究。這兩種不同的研究方法正反映個人與社會之不同。不過近年來這兩種方法的看法之爭辯已改為行動者之行動（agency）與結構（structure）之間的爭論。參考洪鎌德 1997a：121ff.；洪鎌德 1997b：179ff.；蔡錦昌: 1994：96-100。

3. 溫德爾班和李克特代表海德堡（西南德國）的新康德主義，主張哲學為對普遍價值批判之學，每一認知都表現為意志對於價值的重新形塑與改變。兩人主張自然科學與精神科學（人文學科）之不同，強調歷史為個別，而非自然，亦即為特殊，而非規律普遍的現象。歷史現象的掌握與特殊時空下涉及價值之文化的落實有關。參考蔡錦昌 1994：42-44；張維安 1989a：11-13。

4. 韋伯認為藉普選而出現的政治領袖，在「大眾民主」的時代中，與譁眾取寵的煽動家（Demagoge），顯無多大分別。凡使用無所不用其極的手段，以收買人心之人，乃成為成功之煽動家（Weber 1971：391），參考吳庚 107.

5. 這並不意謂馬克思主張未來無私產的共產主義為人人平等的社會。事實上，他對平等的看法是非常複雜的。這與他對自由與解放的簡單明確不同，參考作者〈馬克思平等觀的析評〉一文，即將發表。

6. 卡理斯瑪為古希臘文，意為上天的恩寵、賜與，為信徒對其領袖所具有的魅力、特殊能力、呼風喚雨的本事等等之描述與禮讚。可視為天縱英明、特殊才華、異稟、領袖魅力的別稱。韋伯視卡理斯瑪和傳統

與法律，爲權威的三大來源。卡理斯瑪權威一旦改變其形式，則爲「卡理斯瑪的日常化」（routinization of charisma），參考洪鎌德 1997b：217；吳庚 63-69；黃瑞祺 1996: 199-200.

第二章　紀登士澄清韋伯對

　　　馬克思的理論立場

前　言

　　現任倫敦政經學院院長兼英國布萊爾工黨政府國策顧問的紀登士（Anthony Giddens）是當代英倫享有最高國際聲響的社會學家。他首先把馬克思、韋伯和涂爾幹並列為經典社會學的三大家（canonical trio），而為其後英美社會學界所翕服採用。紀登士學術生涯的開端便是討論馬克思、韋伯和涂爾幹學說的內涵與貢獻，特別是這三大家對現代社會、或歐洲社會「現代性」的影響。在綜合三大家的學說之後，紀氏自創「結構兼行動理論」（theory of structuration），也成為20世紀後半備受爭論與影響重大的思潮之一（洪鎌德 1997a：105-177）。

　　1970年紀登士在英國《社會學》學刊發表了〈馬克思、韋伯和資本主義的發展〉一文（Giddens 1970, 1991），詳細解釋韋伯並非全面否定馬克思對資本主義起源之分析，而是承續馬氏的唯物史觀，而予以補充發揮。本章取材自該篇文章，為該文之譯述，不過也增加編者部份的詮釋，俾凸顯馬克思與韋伯知識上的關連。

馬克思與韋伯所處的時代──19世紀以來的德國

　　要瞭解馬克思與韋伯對資本主義相同的關懷和不同的

看法，首先有必要對兩人生活的時代背景和當時德國的政治、社會、文化、思想之情況有點粗淺的認識。兩人在歷史舞台出現雖然相差不到半個世紀，但兩人所歷經的西方資本主義，則是19世紀與20世紀初的西歐資本主義。是故對產生這種類型的新體制之西歐背景，特別是兩人的祖國——德國——之情形有略加說明的必要。

19世紀初葉，德國尚未統一，而是由39個政治單元（王國、公國、侯國、自由市等）合成的地理名詞。當時以普魯士和奧地利兩國最強，這兩個王國的爭霸，阻止了德國的統一。當德國的鄰邦英、法、荷、俄等國都成為民族國家在競爭海外殖民地，擴大洲際貿易之際，德國仍舊是分崩離析的「帝國」——神聖羅馬帝國德意志聯盟。想要效法鄰邦用民族主義來謀求國家的統一，在德國分散的領土上，這種「血濃於水」的號召完全無效。原因是普、奧境內除了德國人之外，多的是波蘭人、捷克人和匈牙利人、塞爾維亞人、史洛文人、克羅亞特人與義大利人等。在這種情況下奧地利政府公然反對德國的統一。普魯士雖有強勁的德意志民族意識，卻也發現統一之途荊棘滿佈。

比起政治統一的訴求之緩慢成長，分崩離析的德國在社會和經濟的結構方面更呈現落後的衰象。德國領土上諸邦政體之僵硬、政治之不夠自由，造成社會經濟改變的步伐緩慢，成效不彰。以強悍的普魯士為例，其出身地主階

層的貴族（Junker），因擁有易北河之東大片土地，在政府機關與經濟方面佔取壟斷性的主導地位，以致剛崛起的資產階級對政局無置喙發言的機會，普魯士威權性王權的囂張就成為19世紀特殊的現象。

不過1789年法國大革命排山倒海的求新求變之時代潮流不斷衝擊德國各邦，使他們無法繼續閉關自守，經營孤立絕緣的封建式生活。在這種情況下，我們不難理解，馬克思早年的作品，便是在期待變天的心情下喊出解放的口號，這也是讓他產生賦予普勞階級擔任解放者的積極角色之緣由（洪鎌德 1997d：9-11；75-81）。在1844年馬克思寫著：「在法國部份的解放是完全解放的基礎，但在發展極少的德國，一個『進步的解放』也不可能，唯一能夠求取進步的便是一個激烈的革命。在德國『完全的解放』變成任何部份的解放之絕對條件」。能夠完成這一革命的便要靠普勞階級的苗壯。這是一個「被徹底的鎖鏈所綑綁的階級，這是一個可以造成所有階級解體的階級，這是具有普遍性、寰宇性社會特質的社會之一圈，因為它受害至深且鉅，也是普遍的、寰宇的……」（*CW* 3：185-187；Marx 1963：57）。

其實，當時（1844年初）普勞階級在德國剛剛誕生，其聲勢不大、不成氣候，馬克思至遲在1847年便已意識到這點。也就是1847年馬克思認為德國即將爆發的革命不是

無產階級的革命，而是資產階級的革命。但德國特殊落後的情況卻使青年馬克思相信，無產階級的革命可能緊跟在資產階級革命之後爆發。稍後馬克思已體會到德國資產階級的弱點，認爲它在尚未掌權之前便會與剛剛崛起的普勞階級展開躁急的、且爲必然的鬥爭。1848年革命的失敗，就證明這項事實。從而使馬克思擱置使德國、甚至英、法「躍入未來」的樂觀想法。

可是1848年起義的失敗，對德國各邦，特別是普魯士的統治階層卻是可喜之體驗。在1848年之後，各邦政治與社會改革此起彼落，目的在掃除各邦殘餘的封建勢力，使地主、貴族階級受到挑戰，終使半封建式的王侯專政趨向式微。這次革命的失敗也使數目有限的社會主義者與自由主義者激烈改革的幻夢粉碎。普魯士地主貴族的經濟勢力膨脹，甚至在官僚體系與軍隊中聲勢劇增，迫使德國自由派人士接受政府妥協性的安排，而引進類似議會制的民主。

1848年的事件對馬克思與韋伯都有重大的衝擊，也是把兩人直接聯繫起來的主軸線，儘管韋伯當時尚未誕生。此一事件讓馬克思流浪異域，而在知識上迫使他深入研究當成經濟體系之資本主義的「運動規律」。在德國境內，1848年革命的失敗暴露自由主義之無能，這種無能剛好與俾斯麥的縱橫捭闔成爲強烈的對照。但自由主義卻形成韋

伯的政治社會學中整個思想的背景。但最重要的倒是1848
年之後，德國各邦傳統的社會和經濟結構之保留，使德國
勞工運動的發展受到限制，造成德國勞工運動與英國勞
工，特別是法制改革（Chartist reform）運動和法國的勞工
運動的大異其趣（Giddens 1991：24）。

　　馬克思與德國社會民主運動，以及後來成立的社會民
主黨之關係，源之於他與拉沙勒（Ferdinand Lassalle
1825-1864）註之間的關係，但社民黨領導者與黨徒對馬克
思及其學說的態度卻是曖昧的，這是由於馬克思的學說對
該政黨的派系爭執有推波助瀾的作用。拉沙勒一方面欣賞
馬克思有關資本主義的理論分析，但另一方面在領導社會
民主運動時，實際的作法與政策卻與馬克思的觀點相左。
馬克思堅持要無產階級全力支持資產階級奪權，然後才由
資產階級手中接收整個政權；拉沙勒則反對這種作法而在
排除資產階級自由份子之後逕自領導勞動階級，進行工人
運動。換言之，拉沙勒主張把理論與實踐分開，完全拋開
馬克思對理論與實踐的統一之要求，這也是為後來社民黨
「演化」（改革）與「革命」爭論埋下種子，也是使社民黨
最終去掉其激進色彩之起始。

　　拉沙勒因為與人決鬥傷重而死，他逝世的1864年正是
韋伯誕生的年份。不過此時德國未來的走向已大體底定，
德國勞工運動與自由派份子的分開，配合其他因素的發

展，構成了俾斯麥統一的背景。這位鐵血宰相顧盼自雄地宣稱：「德國看待普魯士的不是它的自由主義，而是它的強權」。1875年兩位馬克思忠實信徒李普克內西（Wilhelm Liebknecht 1826-1900）與貝倍爾（August Bebel 1840-1913）終於接受與拉沙勒的黨徒合併，而建立了社會民主黨。這時不論是以政治還是以經濟的眼光來看待德國，都不是馬克思1845年所想像的德國。當時德國的統一並非由於布爾喬亞奪權成功，而是俾斯麥由上而下運用權謀與武力，而採行「現實政治」（*Realpolitik*）的結果，這種由上而下貫徹的對外征戰（普丹、普奧和普法戰爭）所締造的新帝國，使其國內社會仍保有相當多傳統式的結構。

政治統一與經濟「起飛」初步階段的困難重重，標誌德國現代化之途與英國發展路數之不同，而馬克思在《資本論》中所分析的資本主義卻是英國式的。在德國，政治權力的集中化與經濟的快速發展是在沒有自由化資產階級所形成的社會之助力下完成的。因之，社會民主黨中的馬克思主義者（包括馬克思與恩格斯）在1883年馬克思逝世之前，如同其同代的自由主義者一般，能夠理解當時德國社會結構中他們本身特殊地位。社民黨人表面上堅持革命口號，但實質上則逐漸與德國社會與經濟現實脫節。於是社民黨中主張廢除資本主義的馬克思派和主張全民投票進行奪權的拉沙勒信徒之間的衝突愈演愈烈，爭執也逐漸公

開化。

伯恩斯坦（Eduard Bernstein 1850-1932）被抨擊爲修正主義之父，他的著作《演化的社會主義》（1899）採用英國費邊社的改良模式，企圖把社民黨驅向選舉與議會路線，在既有的政經、社會秩序中贏取政權。《演化的社會主義》在於展示資本主義的政治發展和經濟發展之間底關係不當用《資本論》中所使用的規律、論點來加以理解。亦即應該放棄馬克思在其一生中重大著作裡所宣示的教條：兩大敵對階級的對抗，工人愈來愈貧窮，乃至「最終災難式的危機」導致資本主義的崩潰。但在面對伯恩斯坦的挑戰時，社民黨的教條派仍舊維持馬克思這些論調，使其繼續發揮作用。不過這一堅持也使馬克思的訓示呈現決定論的性格。馬克思視爲資本主義可能發展的趨勢，其黨徒卻解釋爲資本主義必然的、不可迴避的宿命。這種觀點造成革命口頭禪的喧騰和大言炎炎，以及革命行動的趑趄不前。其結果是這些社會黨人翹首望青天，期待鴻鵠之翩然飛至：既然資本主義終必潰敗，何不靜候革命的瓜果成熟，自動落在人們的懷中？

韋伯對馬克思主義和對馬克思的看法

由上面所述19世紀至20世紀初德國政局的狀況，吾人

不難理解自由主義者處境的艱難。自由主義的根源顯然比統一的帝國還早，也就是產生在完全不同的社會形態裡。自由主義者堅持個人自由與政治參與的價值，但他們也俯首聽命和屈服於強勢政府統治之下，冀求適應。韋伯的政治著作和參政經驗經常展示著他作為自由主義者對這種情形之感受與意識。

　　韋伯對俾斯麥政治權力活用成功，而使德國快速統一，內部趨向穩定，經濟發展迅速，官僚統治奏效，留下深刻的印象，也極為讚賞。這構成了他對政治理解主要的部份，也形成他社會學理論結構之關鍵（張家銘 4）。韋伯之嚮往民族主義，以及終身強調德國國家至上，也可以從這種角度來理解。他決心承認政治權力所造成的事實卻與他觀念中服膺傳統的歐洲自由主義之價值相衝突。韋伯逐漸發現，現代社會發展的路數與他所相信作為西方文化特殊精神的價值兩者之間有越行越遠、乃至分歧變大的趨勢。這種現實與理想的相左，就表現在德國自由主義特殊的窘困之上。

韋伯對德國社會民主黨的態度

　　韋伯在1895年初任佛萊堡大學教授的就職演講中，指出他對德國自由主義的期待，特別是在面對浪漫的保守主

義和激進的馬克思主義政黨之挑戰時，自由主義者應如何自處。他暫時撤下對德國國家「神話式的辯護」，卻說明他無法相信勞動階級可以領導這個國家。固然他同意社民黨主張工人應享有充分的參政權，但他又認為工人階級在政治上不夠成熟。他指出，社民黨中熱衷革命的領導人常偏離該黨發展的趨勢。其結果會造成社民黨更為妥協地適應強力國家之要求，而喪失革命的精神，最後是德意志國家征服了社民黨，而非社民黨征服德意志國家（Weber 1924a: 394ff.）。

韋伯瞧不起普魯士地主貴族的專權，但卻被迫承認後者在軍界與官僚行政體系擁有實權。在他眼中，這是一個走向沒落的階級，因之，他衷心期待資產階級的壯大，能夠使國家穩固，也為走向工業化的社會提供領導人才，而使德國變成民主的國家。由於俾斯麥大權在握的影響，使後繼的德國缺少有效的領導階層可以控制政府的官僚機器，由是德國飽受「無從控制的官僚宰制」之威脅。這也是他一再主張要實施議會制度，把國家實權置於國會掌握的緣故（張家銘 21-28）。

韋伯對德國社會主義的態度便是從這一立場引伸出來的結果。他認為德國一旦出現社會主義的政權，以及採取計畫經濟，那麼其後果將是一個更為專權、更為壓迫的官僚政治。屆時在政界不只沒有制衡官僚的力量，就是在經

濟界也有失衡之虞。韋伯說：「不錯，這將是社會主義，其情形與古埃及『新王國』是社會主義一模一樣」（Weber 1971: 396；張家銘 13-14）。

韋伯對德國社民黨的評價是前後一致，雖然也會隨該黨之起落與政局之發展，而作出不同的估計。在1918年他看到社民黨議員在國會席次大增而深感雀躍，在欣慰之餘他表示自己已無從與社民黨分離。不過，對社民黨中的馬克思主義派，他堅持他們要藉革命推翻國家和造成無階級的社會是一種理想，這種理想必須與他們在德國政治上扮演的實踐之角色分開。

韋伯對馬克思主義學者的評論

韋伯對馬克思主義理論家的態度有別於他對德國社民黨的立場，原因是後者牽涉到他對德國政治現實的認知與關懷。首先，他承認幾位馬克思主義理論者對歷史、經濟、法學有卓越的貢獻，他也與幾位受馬克思影響的學人，像宋巴特（Werner Sombart 1863-1941）、米歇爾（Robert Michels 1876-1936）有所交往。在他進行有關資本主義和世界各大宗教之比較研究的時刻，正是大堆號稱受馬克思觀念影響的著作出版之時，只是他評論他們的著作多爲庸俗化馬克思理念，或偏離馬克思歷史唯物論的作

品。

　　儘管韋伯一度指出他的名作《新教倫理與資本主義精神》是提供「唯物史觀經驗上的否證」，但這一篇著作的產生背景卻是複雜的。原因是從青年時代起韋伯便對宗教現象懷有熱烈研究的興趣。後來因爲搞法律與經濟史而把對宗教的研究興趣擱置，是故《新教倫理》其實是這種終身不渝的最愛之再度浮現。不錯，韋伯之撰寫此一作品，必定是爲了排斥歷史唯物論「片面的」宗教解釋。不過，這裡所涉及的歷史唯物論主要指的是考茨基（Karl Kautsky 1854-1938）和其他人的作品，而不一定是指馬克思本人的說法。這段時間由於韋伯與宋巴特交往頻繁，他對資本主義的興起以新教倫理之觀點加以分析，可能拜受宋氏想法的影響。

　　韋伯對修正主義的馬克思主義者之理念是相當同情的，儘管他責怪他們在進行社會與經濟實在的考察時滲入太多歷史哲學的觀點。一般而言，韋伯同意伯恩斯坦的看法，不認爲現代資本主義的特徵爲少數富人與大多數窮人的分化與對立。他也同意後者對中產階級不認同工人階級的意識之說詞，以及資本主義並不會馬上崩潰的意見。不過尚無明確的證據指出韋伯的觀念是受到任何一位修正主義者的理論之影響。韋伯對資本主義不可能在短期中被揚棄，是有他的定見的。他也不認爲資本主義的生產方式會

導致資本與勞動之間無可避免的階級鬥爭。韋伯認為，現代社會結構的多方面階層化，使馬克思主義者兩大階級分化與抗爭的說法變得更渾沌、更不清楚。事實上，他就指出：動手操作的勞工階級，由於每人勞作技巧的熟練與否，形成各種不同的集團，從而也使勞工階級分成各種的階層，根本談不上同質性。要之，韋伯同馬克思主義理論家的關係十分複雜，導致這種關係之複雜，是由於每個理論家各以其特別的方式來理解馬克思、以及跟從馬克思的緣故。

韋伯怎樣看待馬克思？

　　一般而言，韋伯認為馬克思對歷史和社會的分析作出基本上的貢獻。可是對他而言，馬克思的理論不過是真知灼見的源泉，或是理念類型的概念，它們僅可以應用到歷史發展某一特殊的階段之說明上。由於韋伯接受新康德學派李克特（Heinrich Rickert 1863-1936）和溫德爾班（Wilhelm Windelband 1848-1915）的認知學說，所以拒斥其他的說詞，也就是拒斥黑格爾與馬克思的歷史哲學，蓋韋伯認為馬克思把一切歸之於歷史發展的「方向」是難以接受的。帶著很大的保留態度，他視「發展的階段」可當「發現的手段」來使用。他完全排斥建構在歷史發展的普

遍理論上之「決定性的計畫」。易言之，他拒絕歷史發展有必然性的任何說詞，更反對為歷史變遷劃分階段。

　　韋伯反對決定論的結果就是拒斥馬克思以唯物主義來解釋歷史的變遷。他說：經濟因素「最終」解釋歷史演變軌道，這種「科學理論」已「徹底完蛋」（Weber 1924a: 456）。韋伯承認馬克思在論述歷史唯物論時前後有各種不同表達的方式，像《共產黨宣言》中，顯示了馬克思「早期形式的才華之粗淺因素」（Weber 1949: 68）。但在馬克思最詳細舖述的《資本論》中，他也未能把「經濟圈」從社會其他各圈各界之中分辨出來。

　　為此，韋伯刻意分辨「經濟的」、「經濟關連的」和「受經濟制約的」三種不同的現象。他稱經濟行動乃是藉和平的手段來獲取可欲的實利（utilities）之控制。但人類的其他行動，像宗教行動，對人怎樣使用實利的心態、嗜好有相當的影響，這便是與經濟有關的（關連的）行動。然而與經濟有關的行動、或現象仍舊可以同受經濟制約的行動、或現象分辨出來。後者不是單純經濟的行動，但卻是受到經濟因素的影響而產生的行動。有了上述三種不同的行動或現象之分別，韋伯說：「經過了上述所言，事實變得很明顯，第一，經濟現象的界線變成模糊不清、不易界定；第二，現象的『經濟』面向，不會只是『受經濟因素制約的』，也不只是『經濟關連的』而已」（*ibid.*, 65）。

喀爾文教對於西歐理性資本主義的形成，便可以用「經濟關連」、或「受經濟因素制約」的詞語來加以解釋。

韋伯尚指出馬克思以「經濟」來解釋歷史所造成概念的混淆，譬如馬克思不知分辨「經濟的」與「技術的」兩詞之不同。當馬克思略爲陷入技術的決定論之際，其論證顯示相當不妥。像馬克思著名的說法：「手搖紡織機給你帶來一個封建主人的社會〔封建主義〕，蒸汽紡織機則給你帶來工業資本家的社會〔資本主義〕」（*CW* 6：166）。這種說法韋伯指其爲技術性的論述，而非經濟性的評析。這種說法是容易被證明爲錯誤的。原因是手搖紡紗機的時代一直延續到現代的門檻，到處可以看到各種各樣的文化上層建築，這就是不限於封建主義，也包括資本主義等在內。換言之，某種特定的技術形式會與各種各樣的組織形態（封建主義或資本主義）聯結在一起。反過來說，亦即一種社會的組織形態也可能使用不同的技術。這可以社會主義爲明證。它雖是有異於資本主義的社會體系與經濟體系，但仍舊使用資本主義的技術作爲發展的基礎。

馬克思著作對韋伯正面的影響表現在韋伯對價值和理念的堅持，韋伯不認爲這些價值與理念都是從物質利益衍生出來，不過卻有必要分析價值與利益的關係。韋伯也承認階級鬥爭在歷史上的重要性，但其重要性不當如馬克思所強調的。不同社會層級的群體和政治組合——包括民族

國家在內——的衝突，至少與階級鬥爭同為主要文明歷史發展之重大事實。再說社會部份的利益，並不限於經濟利益，而應該把利益推擴至社會生活其他部門。作為爭取政權的政黨，其經濟的利益應該是多數人、跨階級的利益，而不該像社會黨以工人階級的利益為唯一的訴求。

　　韋伯的方法論雖是他學術生涯開端的作品，但對其後的著作像《經濟與社會》仍有持續連貫的影響。要之，韋伯所重視的是事實與價值的邏輯分別，以及各種彼此競爭的價值之無法化約為其他因素。就是韋伯這種認知論的立場，使他與馬克思的觀點大異其趣。韋伯認為，馬克思的作品固然是科學的高度成就，但卻牽連到「最終目的之倫理」（存心倫理、價值倫理、堅信倫理、良知倫理，而有別於責任倫理）。凡信從這種最終目的之倫理者，必然會接受這種整體的、總體的歷史觀。對韋伯而言，科學無法回答「我們要服侍彼此爭執之神明中的哪一個？」或者「我們必須服侍一個完全不同的神明嗎，祂究竟是誰？」這樣的問題（Weber 1958b: 153）。也就是科學無從對最終目標、最終關懷的選擇作出明辨與選擇。人一旦對最終目標與最後關懷有所選擇，那麼他已脫離科學的範圍，而進入了倫理或政治的範圍（Giddens 1991: 28-29）。

馬克思與韋伯論資本主義

　　一般的說法是認為，馬克思從青年時代開始就大力抨擊宗教，他這種反宗教的態度與青年黑格爾門徒批評基督教和猶太教是同調的。反之，由青年時代開始，韋伯便對世界各大宗教發生濃厚的研究興趣。在兩人對宗教和精神理念所持針鋒相對的情形下，馬克思似乎只以物質主義，而韋伯好像只以精神觀念來解釋資本主義。事實則沒有那麼簡單。正如同羅維特（Karl Löwith 1897-1973）以哲學人類學來指明馬克思和韋伯對現代人的處境與命運之關懷一樣（Löwith 1993），紀登士也企圖以馬克思和韋伯對資本主義中涉及宗教清心寡慾的部分，來說明兩人對當代問題分析切入的方式之連貫。

　　馬克思與韋伯都深受德國黑格爾歷史主義（historicism）的影響[2]，但兩人也力圖與歷史主義決裂。歷史主義在強調每一時代有其特定的社會結構與獨一無二的歷史特質（「時代精神」）。對黑格爾來說，歷史是一連串變化的過程，其變化的主體為精神（意識、心靈之屬）。馬克思則以社會關係來取代精神，但也贊成社會關係隨歷史的變遷而變遷（洪鎌德 1997e：179-252）。韋伯則在其逝世後出版的巨著《經濟與社會》一書中，演繹各種概念範疇，而非歷史演變的規律，俾能適用於歷史各階

段之上，從而也棄絕歷史主義。

當19世紀德國引進大規模的資本主義時，其分裂的各邦之體制，既有合理與合法的，也有傳統式的權威之存在。但資本主義的活力具有把傳統社會消解破壞的能力。因之，馬克思與韋伯所體驗的德國資本主義——工業資本主義——不只是經濟的過程，而是衝擊整個社會，改變社會的力量。這使兩人發現資本主義不只影響了家庭結構、政府組織、人格形成，連對科學、藝術、文化諸面向也產生震撼的作用。這種情況與英國思想家亞丹·斯密與李嘉圖對英國資本主義的緩進，看作是「自然」的現象完全迥異（Birnbaum 1953: 124-125; 1991:4-5）。

紀登士指出，韋伯對馬克思的批評是高度的精巧圓滑，韋伯不只分析馬克思理論的邏輯，並將馬克思對歷史與社會的研究作出實質的析讀。在這種情況下，我們不能把韋伯對馬克思的評價僅由前者提及後者明顯的話來加以詮釋，而應該深入於馬克思與韋伯的著作之內，去體認他們處理問題的方式，其中尤其是涉及馬克思的作品，包括早期遺稿的次第刊行，有助於我們對馬克思前後期學說與思想的連貫之理解（洪鎌德 1986：11-35）。

馬克思從來沒有對他所主張的「唯物主義」（或稱物質主義）作過系統性的論述。不過從其早期著作中可知，他對歷史採用唯物的觀點，不但與黑格爾的唯心哲學截然

相反，也與他所批評的費爾巴哈之「感知的物質主義」（
CW 5:8；Marx 1967: 402）頗為不同。費爾巴哈藉轉型批
判法，把黑格爾的精神哲學作一個顛倒，把神創造人改變
為人創造神，把神當作異化的人、把人當作異化的神來看
待（洪鎌德 1997c：230,312）。費爾巴哈取代黑格爾的唯
心主義為唯物主義，這種唯物主義的出發點為存在真實
「物質的世界」上之活生生的「實在人」。由於人的異化，
把他最好的性質全部交給神，因之神成為人類最好的價值
之投射。是故對費爾巴哈而言，宗教是人的熱望之象徵性
的「表述」、「想像」（*Vorstellung*）。為了消除人的自我異
化，就要揭去宗教中神祕的面紗，而把人放回理性的境地
上。但這種說法的缺點馬上為青年馬克思所發覺，他認為
費爾巴哈所談的人是抽象的人，是人類集體——「種類」
（人類）。須知人是活在社會的特殊情況之下，而社會結構
每隨歷史的變遷而改變。馬克思又指摘費爾巴哈把理念或
「意識」當作是人在物質世界活動的結果。在＜費爾巴哈
提綱＞中，馬克思說：

> 至今為止所有的物質主義（包括費爾巴哈的）的缺
> 點是將客體物、現實性、感知看作是「感知的客體」，而
> 不是看作「感知的、人的活動、實踐」的客體，也就是
> 不以主體的眼光來看待這些客體（*CW* 5:3）。

馬克思這樣批評費爾巴哈其涵意十分清楚：那就是理念不僅「反映」了物質的實在（實相、實體），而且理念是在與實在彼此互動的關係上存在的。

　　馬克思稱這種唯物主義爲指引他研究的主軸：意識形態根植於物質生活之上，但這並沒有引伸到普遍性與單方面的關係存在於社會「眞實的基礎」與「法律和政治的上層建築」之間。剛好相反，馬克思在批評費爾巴哈的結論中正指出：理念是社會的產物，它無法讓站在現世之外的哲學家來加以解釋，而只有靠對社會特殊形式之分析來加以解釋。馬克思接著說：「我們必須拒絕任何的藥方或定案……來作爲歷史時期的修飾」，而必須「進行觀察與安排──也就是實在的描述──我們的歷史資料」（*CW* 5：37）。

　　以上是指出，1845年與46年之間馬克思在撰寫《德意志意識形態》兼批評費爾巴哈（＜提綱＞）時，他視理念與社會實在之間有著互動的關係。至於把這種關係加以概括化，也就是概括化意識形態與物質「下層建築」，他需要一個中介的事物。於是他發現階級體系變成了意識形態與物質基礎兩者之間的媒介。社會的階級結構發生規定性的作用，也就是在該社會中理念扮演重要的角色。這點費爾巴哈早已指出，他認爲神的理念使人們擁有希望，有朝一日也要向神明看齊，使人可以變爲神。馬克思對費爾巴

哈這一說法不但接受，還加以引伸，主張宗教的理念與世人社會行動的互動。要瞭解理念與行動的相互性、相對性（reciprocity），就必須分析社會的歷史發展。換言之，如果從歷史過程中把理念與行動抽離出，是無法瞭解它們之間的辯證互動，亦即無法理解理念與社會的交互作用。在這種情形下，理念或意識形態有時可能享有部份的自主性，而且它所以能享有自主性乃與某一特殊社會有關，這兩點看法顯示並不與馬克思普遍的一般的物質主義觀相衝突。換言之，馬克思的唯物史觀並不排斥歐洲的禁慾新教之獨特的性質及所擁有的影響力量（洪鎌德 1997c：261-281）。

在馬克思中年所寫的長稿，亦即為《資本論》而收集、準備的資料《政治經濟學批判綱要》（簡稱《綱要》 *Grundrisse* 1857-1858）於20世紀中葉（1953）公諸於世之後，人們獲得一個印象，就是他對歐洲歷史發展的討論同韋伯的分析非常接近。在這部長稿中馬克思承認古羅馬已發展出資本主義的雛型，只是這種最早期的資本主義發展到一個「死角」（dead end）便停滯不前。這種說法與韋伯的分析相似。詳言之，後來出現在西歐的資本主義之特徵，包括資產階級的產生，都曾經在古羅馬時代曇花一現。但造成古羅馬資本主義沒落的原因，為當時意識形態對財富累積的壓制，他說：「財富並不構成人生追求的目

標……各方所提出的問題只是哪種的財產可以促成良好的公民之產生。只有很少營商的人對追求財富感覺興趣」（G 487；Marx 1964: 84）。在古羅馬時代，財富並沒有內在的價值，它們只帶來「私人享受」而已。當時人們也賤視勞動，視勞動與自由人的身份不相牟。

馬克思指出，中古以前的歐洲存有各種各樣的資本主義形式。商業性的資本曾經在古羅馬時代存在過，亦即存在於並非資本主義的生產方式之社會中。商業的活動向來被社會邊緣人像猶太人所推行。是故商業資本存在於各種各樣的社會型態裡，也是生產力發展的不同階段之上。除古羅馬之外，尚有很多的社會，其社會之一部份發展非常迅速，但社會其他部份卻很落後，以致整個社會的經濟進展緩慢。這種社會的典型馬克思指出一例：即古代祕魯，它曾經有相當規模的經濟發展，但因爲地理上的孤立以及貨幣體系尚未建立，故其經濟進步還是有限。

對於基督教的興起與重要性，特別是對歐洲社會的影響，馬克思的評價前後不一，這是因爲他受到黑格爾的哲學與青年黑格爾學派的說法影響之緣故。作爲醉心黑格爾哲學的青年馬克思，當然知道基督教對歐洲文明形塑的作用。他所攻擊與反對的是以唯心的觀點來分析基督教的影響。他對青年黑格爾門徒施提訥（Max Stirner 1806-1856）的指摘，就是稱後者只能在理念方面處理原始基督教之崛

起。馬克思稱：基督教是以四處遊蕩、無根飄萍的流浪者之宗教的面目出現，其勢力之擴散同古羅馬帝國的衰落有關。基督教的倫理觀形成對抗羅馬驕奢淫逸的新道德清流，基督教遂以奉祀單一的上帝來取代羅馬的眾神崇拜。基督一神教的權威建立在人的犯罪與救贖之觀念上。在歐洲其後的基督教發展中，宗教改革提供給解體的封建社會以相似的道德更新與重整。「路德......克服虔誠的束縛，而易以堅信（conviction）的束縛，他把對權威的信仰擊碎，而改以恢復信仰的權威......他把人從外頭的宗教性解放出來，因為他要製造人內心的宗教性（religiosity）」（*CW* 3: 182）。

假如認為馬克思對現代歐洲資本主義「禁慾的」和「理性的」特徵不加理會的話，就會誤解了他對布爾喬亞社會的分析與批評缺乏基礎。事實上，資本主義「理性化」的性格表現在貨幣對人社會關係的宰制之上，也表現在人一味追求金錢之上。在資本主義下金錢是人自我異化的縮影，因為它把人的各種性質化約為數量可以表示的交換價值。資本主義遂具有寰宇化、普遍化的特徵，它把傳統社會的特殊性撕毀，也把各族各地的阻隔打破。這是資本主義合理性的部份。至於資本主義禁慾的部份，則為資本家為了利潤的擴大必須再投資，因而也得忍受目前的清心寡慾，所以是建立在「自我〔享受〕放棄」（self-renunciation）之上。這也由政治經濟學展示出來：「政治經濟學，財富之科學，同時也是自我放棄之科學，爲貧困、爲節省之科學…其理想爲節慾的、放高利貸式的守財奴，節慾的生產性奴隸」（*CW* 3:309；Marx 1963：171）。將財富視爲目的加以追求，形成爲一般的社會風氣，只有出現在現代的資本主義中，在這方面馬克思與韋伯都加以類似的強調：「對財富追求的狂熱乃形成一獨特的發展，這是有別於對某些貨物，像衣服、武器、珠寶、女人、美酒等之本性上的渴求，對這些東西的佔有可以不需金錢的助力。〔可是〕自我富裕的渴求，卻是一定社會發展之產品，它不是自然的，而是歷史的」（*G* 222；Marx 1953, *G*：133-134）。

這裡要強調的是，馬克思對意識形態在社會中的角色之分析與韋伯宗教社會學細緻的研讀是可相容的。馬克思對宗教並沒有詳加研究，這是因爲他與青年黑格爾門徒和費爾巴哈決裂的緣故，也是由於他認爲有必要對社會與經濟深入探究，而以社會學的觀點來處理經濟、政治與意識形態的關係之緣故。馬克思遂認爲沒有必要浪費時間與精力去把宗教詳加研究。

在強調馬克思與韋伯一脈相承對歷史和資本主義起源加以研讀之際，並不是說兩人的觀點完全相同。事實很明顯，儘管馬克思在否認超歷史而能夠解開歷史哲學的萬能

鑰匙之後，仍舊不放棄對歷史發展的規則和樣式之追求，但這種歷史觀不為韋伯所接受。取代歷史有規律合理性發展的概念，便是韋伯所提及的「卡理斯瑪」（charisma）的概念。此一概念在韋伯的社會學中扮演重大的角色，亦即表述韋伯不相信歷史發展本身的邏輯是合理的，這點與馬克思的史觀是剛好相反相對。在馬克思的整個思想中一個重要的因素是歷史發展中可資發現、可以辨識的合理性，這點是他受黑格爾影響終身不渝的信念。但韋伯的卡理斯瑪卻是非理性的。像歷史中爆發的革命動力，對韋伯而言乃是卡理斯瑪運動的週期性湧現，與人歷史發展的理性類型不生關係。

其次，馬克思強調社會發展中階級的重要性，亦即階級的經濟利益之重要性，有把經濟與政治權力結合的傾向，這點超過韋伯對權力的分析之範圍。這也造成兩人重大的歧異。不過兩人的分歧並沒有過度誇大的必要。葛爾特（Hans H. Gerth）和米爾思（C. Wright Mills 1916-1962）就說：韋伯的作品在於藉政治和軍事的物質主義來補充與「圓融」（round-out）馬克思的經濟物質主義之不足（Gerth and Mills 47）。紀登士雖同意葛爾特與米爾思的這一論斷，也就是韋伯在補充馬克思的唯物主義，不過不同意兩人認為只有韋伯才注意到軍事的物質主義。其實，馬克思本人對軍事的物質主義早在其作品中作過很多的論述

（Giddens, *ibid.*, 34）。

結論與感想

　　紀登士在他這篇比較馬克思、韋伯和兩人對資本主義類似的看法之文章的結尾指出，他的目的在分辨馬克思和韋伯著作中，兩人幾項主要的思路。他反對不分青紅皀白斷言韋伯的學說是「對馬克思的批評」之說法。因爲這種說法未免把韋伯對唯物史觀之評估過度簡化。固然現代社會學的奠基者韋伯、巴雷圖、涂爾幹、莫斯卡等人有一部份是對馬克思學說的否定，上述諸學者（涂爾幹例外）有時被帶上「布爾喬亞的馬克思」之稱呼。這個稱呼是不適當的，因爲上述幾位的作品並不是對馬克思主義的反彈或拒斥。因之，韋伯對馬克思與馬克思主義的關係，不可一概以贊成或反對，這種非黑即白的一刀切來評估。韋伯的歷史研究有部份對馬克思主義者的歷史演變解釋予以排拒，但也有部份在捍衛馬克思，俾對抗其黨徒之竄改、或歪曲。

　　韋伯致力學術與政治工作的時代，正是西歐主要國家特別是德國發生空前變化的時代，這與馬克思所處時代之社會結構有重大的差異。在19世紀初，西方先進社會已到達經濟成熟期，而都沒有經歷馬克思所期待的革命改造。

但在韋伯的時代裡，馬克思的想法卻由德國社民黨付諸行動。在韋伯眼中，此時的「歷史唯物論」，不管是馬克思主義批判者的自由主義份子，還是馬克思主義者，都認同爲恩格斯的作品《反杜林論》和《自然的辯證法》。儘管誇大馬克思和恩格斯的歧異是沒有必要的，但在上述兩著作中，恩格斯對歷史唯物論的解釋，有不少處偏離了馬克思著作的精神。將辯證法由人文、社會擴大到自然界，更是模糊了馬克思學說的核心：「在歷史過程中主體和客體的辯證關係」。恩格斯這種作法在於刺激人們的一個觀點：理念僅爲物質實在的反射而已。社民黨在政治上的冷靜和不夠吵鬧、不夠囂張（quietism），就是恩格斯這種世界觀的採用，其目的在保持革命的姿勢於一個特殊社會狀況之下，這一社會狀況與當年馬克思鼓吹革命時的情形完全不同。簡言之，韋伯的解釋又返回馬克思的原點，而成爲首尾銜接的歷史循環，韋伯對馬克思主義的批評，特別是對理念在歷史上之角色的批評，也不過是把馬克思原始的觀點重加敘述而已（Giddens, *ibid*., 35）。

在複述馬克思原始的觀念之同時，韋伯也對馬克思分析當代資本主義和創建理想的共產主義加以拒斥。馬克思相信資本主義必遭揚棄，取代它的是一個嶄新的社會、新穎的制度。韋伯則看到英國與法國的工業資本主義之發展有異於德國資本主義的變遷。由於韋伯對這一歷史事實的

體認，所以不會像德國社民黨被一件思想桎梏──「歷史唯物論」──所束縛，而能夠直接引用馬克思原來的想法，而與時代潮流同進退。

不過在分析當代資本主義即刻來臨的趨勢時，韋伯也掉入自設的物質決定論之陷阱中。他看到資本主義裡頭一個主要的非理性：亦即官僚體系「形式上」的理性，也就是為處理眾人之事進行大規模行政職務，因而在技術上如何執行的問題。這種形式上的理性在實質上卻是非理性的，因為違背了西方文明某些顯著的價值──人的自主、自決與個體性的發展之類的價值。韋伯看不出有什麼方法可以打破這種非理性。他對未來的看法是悲觀的，也就是人的自主性和個體性將被現代生活的合理性所吞沒。對馬克思而言，資本主義基本上的非理性──個人由於異化的貧困和現代工業提供的自我完成之機會兩者的矛盾──剛好創造了改善的條件，俾建構一個能夠克服非理性的新社會。馬克思視為在某種特殊的階級社會中產生的資本主義具有異化的性格，而這種異化現象係由官僚理性引伸而得。這種推論可靠性有待進一步商榷。同樣，韋伯認為機器生產的技術條件和經濟條件會決定未來每個人的生活，也就是挾著無可抗拒的勢力把人置入於理性化的控制之下，這種判斷同樣也是一個決定論或宿命觀的說法。在比較馬克思與韋伯之餘，吾人不禁也要問：有沒有另一條途

徑，像馬孤哲（Herbert Marcuse 1898-1979）所言，並非純粹、形式的和技術的理性在壓迫與降服人類。相反地，造成現代人的的枷鎖是宰制的理性？因之，馬孤哲相信技術理性的使用反而變成了人類解放的工具（Marcuse 223）。這將是馬克思與韋伯學說之外的第三條途徑，亦即第三種對當代合理性之新解說。

註　釋

1. 拉沙勒為富裕猶太人之子，曾習法律，參加1848年革命運動，在馬克思創辦《新萊茵報》時與之相識。馬克思為出版著作，曾靠拉氏協助。1860年代拉氏搞工人運動，自任「德國工人協會」永久主席，傾向於國家社會主義，企圖以國家的力量造成工人合作社，並以工人投票權的擴大來抵制布爾喬亞的自由派主義。其盲目的崇拜國家，以及敵視工會主義（工會組織與活動），特別是提出工資鐵律，曾遭馬克思的嚴詞抨擊。經常亂搞男女關係的拉沙勒竟在不滿四十歲的壯年，為了一名女公爵與人決鬥負傷而死。拉氏黨徒與馬派份子後來合作，而營構德國工人黨，亦即德國社會民主黨，參考洪鎌德 1997c：117, 121, 146-150, 192-194.

2. 歷史主義或稱唯史主義、歷史規律主義、歷史趨向主義，認為每一社會、每一時代有其獨特的風貌，歷史便是這些不同風貌的遞嬗變化，其變遷有軌跡可尋。根據柏波爾（Karl R. Popper 1902-1994）的說法，

那些在歷史演變中企圖找出歷史變遷的軌跡、趨勢、步調、規律、法則的歷史哲學家，認爲歷史發展有方向、有意義、有始終，都是歷史主義者，他們的目的在爲歷史的未來發展作預測。結果是政治意識形態中的法西斯主義與共產主義都利用唯史主義、歷史主義來宣傳其最終要爲人類建設的美夢、烏托邦。

第三章　馬克思與韋伯——
比較與對照

馬克思和韋伯的知識關懷

　　1932年卡爾‧羅維特（Karl Löwith 1897-1973）在《社會科學和社會政策彙編》學刊上發表了一篇比較及分析韋伯與馬克思的文章，成為有關德國這兩位社會科學界巨擘的思想與學說對照之開路先鋒（Löwith 1932, 1982, 1993）。60多年來，涉及韋伯怎樣與馬克思的「幽靈」搏鬥的文章與專書陸續出版，這一方面反映學界對德國這兩大思想家學說始終不衰的興趣，他方面也隨著世事的推移，成為資產階級主流派的社會學對抗社會主義陣營壟斷性的意識形態之馬克思主義底爭辯。易言之，把韋伯視為資本主義社會學說的代言人，來與馬克思主義創始者的理論與實踐作一對照、比較與評價，成為當代社會科學界論戰的盛事。

　　在1980年代底、1990年代初，隨著蘇東波的變天，不只在東歐、俄國，甚至中國、韓、越、古巴等地，馬克思主義遭逢空前的挑戰，緊跟著官方馬列主義的崩潰，馬克思主義作為東方集團主導性的意識形態之角色漸趨式微。在西方與第三世界，馬克思的學說只停留在部份學院知識份子的論壇上，早已與廣大的勞工大眾脫離關係，也不再是激進份子採擇遵行的革命綱領（洪鎌德 1996：121-140）。值此之際，韋伯的學說卻受到學術界、文化界的青

睞，西方學院中對韋伯思想重燃的興趣，正在緩慢地擴散傳開。

假使我們不以成敗論英雄，亦即不以勢利的眼光來評價學者聲望的起落，也就是說不隨波逐流的話，則不當以馬克思學說的失勢與韋伯思想的抬頭，來評價這兩位思想家對世紀杪人類影響之大小。事實剛好相反，這兩位偉大的哲人各以不同的方式來詮釋世界，也企圖改變世界，他們對世界的認知和改變方式儘管有所差別，但他們對人類命運（*das Schicksal*）知識上的關懷則是相同的。

儘管韋伯比馬克思出現在歷史舞台上遲了將近半個世紀，兩人卻有共同的問題意識，這就是他們對於時代精神的體認；該項體認圍繞在資本主義的興起與運作，以及資本主義怎樣衝擊著現代人的生活。馬克思視資本主義制度對人性的踐踏、對人的奴役、造成人的異化，與韋伯視資本主義社會帶來的合理性、專業化、官僚治理、「一個蘿蔔一個坑」、每個人被迫進入理性化的「鐵籠」裡，在在都顯示兩位思想家對現代人處境的同情與關懷。易言之，兩人都同樣關心人的解放（Löwith 1993: 45）。

正如羅維特在他那篇極具創意及啓發性的論文之導言中指出：馬克思和韋伯所考察的對象為現代社會與現代經濟的資本主義方式之組織。這個現代社會的問題不只是人類歷史發展期中一個特殊時期的特殊性之制度的問題，更

牽連到現代人與全體人類之關係的問題，是故資本主義的考察不是單純經濟學的問題，而是社會哲學、或哲學人類學的問題。談到人在社會或經濟領域中的表現，則不能不標出人的理想或理想的人與現實的人之不同。馬克思就一度說過：「要變成偏激份子，就必須尋根究柢，但是人的根柢就在人的本身」（*CW* 3：182）。因之，對馬克思和韋伯而言，人的現實性及其在現世存活與發展的特質都是他們「偏激的」人性觀之基礎（洪鎌德 1997c：216ff.；1997e：119ff.）。

在此相同的基礎上，兩位思想家對人的看法有相同之處，也有相異之處。既然兩人關懷的是資本主義社會中人的處境與際遇，則儘管他們的作品完全迥異——像馬克思的《共產黨宣言》是一部既講究理論、又重視革命策略與實踐的宣傳品，而韋伯對世界各大宗教的研究，爲一宗教史實探索的著作——但兩者均可視爲人作爲人，特別是作爲現代人的方式（mode of being human）之探究（Löwith 44）。不過兩人對現代人處境與命運的關懷，並非在他們的著作中明顯地表露出來，常是隱含於其作品當中。

在比較馬克思和韋伯時，我們發現兩人有類似之處，更有差別的所在。譬如說撰寫《資本論》和《共產黨宣言》的馬克思是理論家兼行動者，具有國際的聲望，他還創立了一個冠以他的名字之學派馬克思主義（儘管馬克思一度

撇清說：「我不是一名馬克思主義者」)。與此相反，章伯只是一名單純的學者，其研究的範圍跨越了社會學、政治學、經濟學、經濟史、宗教等諸領域，但他最早的聲名只限於德奧西歐，其後才擴大至北美、東亞。他未曾凝聚信徒、創造任何的章伯主義或章伯學派。他雖然嚮往政治，但實際參政時期卻很短，是一名過時的「自由主義」的代言人物，或可稱爲布爾喬亞聒噪時期的一個時代之木鐸。儘管其作品零散，其生活與著作卻涵蓋整個時代，這種情況與馬克思雷同。兩人對其時代中大小事件的各種資料都努力蒐集、精心研讀，爲他們時代中世事與局勢之熱情的觀察者與認眞的評論家。

兩人都擁有譁眾取寵的本領，集言論、寫作與行動於一身，而爲影響同代與後代的魅力領袖。他們的著作或有艱澀難懂之處，或有未終卷、未完成之篇章，或有前頭氣勢宏偉而收尾潦草簡陋的毛病。但總結一句，卻都是對現代人處境的關懷：章伯企圖拯救搖搖欲墜的人之「尊嚴」，馬克思則致力改善普勞階級未竟的革命事業，而兩人相似之處在於人的解放 (*ibid.*, 45；洪鎌德 1997d)。兩人就是抱著這番激情與這種批判態度，來進行社會現象之研究，而又力保研究的客觀性。最後使他們的著作保有科學的形式者，乃是他們鍥而不捨求眞的熱情。但弔詭的是，這份熱情卻把科學也穿越了、揚棄了。這也就是說，

兩人是悠游於政治與科學之間：馬克思計畫成爲學者，最後變成革命家；韋伯則由國會走出，而重返學術殿堂。

韋伯曾經探討先知內心世界之意義，這也就是他對猶太先知的分析，也等於對他自己學術著作的分析。有了這份自我剖白的能力，他遂拒斥馬克思的《共產黨宣言》，指出它雖爲「第一級的科學成就」，但畢竟還是「先知的文件」（prophetic document）（Weber 1924b: 255ff.）。

馬克思和韋伯歷史考察的主要動機爲對現代的「實在」（「實相」Wirklichkeit, reality）之直接理解，不僅僅是理解，還企圖藉政治干預來改變實在。他們兩人不但擁有預言家的魅力，還兼具韋伯所稱現代專業政客的「新聞掌握、辯才無礙和服眾的本事」。對韋伯而言，科學和政治應該分開爲人們所選擇的理想「志業」，個人可以在裡頭擇一而行，俾成爲政治或科學的「專家」（張維安 1989b: 164-166）。馬克思則把科學與政治統合成爲「科學的社會主義」，俾理論與實踐合一。事實上，兩人既是科學家，也是政治家。

兩人都是百分之百的哲學家，當然有異於大學殿堂中的蛋頭學者，亦即只講邏輯、認識論那種學院式的學究。然而，他們同時也是史學家、政治評論者、經濟學者，更重要的都是社會學家。兩人的社會學絕非自我設限的社會學（譬如政治社會學、經濟社會學、宗教社會學，或什麼

一般社會學等等）。由於他們對社會學問題普遍性的關懷以及討論問題的廣泛，而把他們看成「唯社會學主義」（sociologism）——一切社會現象都化約為社會學研究的範疇，以社會學的觀點與方法來予以解釋——也是錯誤的。事實上，他們探討問題的途徑，是表現在把黑格爾客觀精神的哲學轉化為人的社會之分析。在此一意義下，《資本論》不過是布爾喬亞「政治經濟學」的批判，而韋伯的社會學也非特殊的科學，而是把各種科學融會貫通，有如早期哲學把各種學問都包容進去，成為博大精深的大學問。對他而言，社會學是自知在掌握現代世界的科學形式，也就是社會的自我知識。「韋伯讚美馬克思的唯物史觀，認為這是資本主義自我認知的第一步，也是一種科學的發現，對吾人的觀點起著決定性的影響作用」（Jaspers 11ff.）。

顯然，馬克思與韋伯的社會學是一種哲學的社會學。儘管他們兩人中無人創造任何一派的社會哲學，但在其著作中卻都對人類存在的現實問題，尤其是在資本主義體制下現代人生活情境的整體，進行認真的考察和嚴肅的省思，俾能夠為現代人的處境與命運找出自知之明。由於經濟成為現代人的命運，而現代的經濟又是資產階級與資本主義的經濟，因之，兩人為處於資本主義經濟下現代人的處境提供直接（馬克思）或間接（韋伯）的批判性分析。

除了分析現代人的處境，兩人尙提出問題解決之方。在這方面，馬克思不但指出現代社會與現代人病痛的原因，還提出治療的藥方；反之，韋伯只指出現代人的病徵，而無法提出治病的處方。他們兩人的不同表現在對資本主義看法的分歧。韋伯以一種普遍的和無可避免的「合理化」（rationalization）來分析資本主義，這種合理化是一個中立的、不帶價値判斷的觀點，但要詳加評價恐怕不免意見分歧、難以決斷（陳介玄 1989a: 114-133）。反之，馬克思使用負面的槪念——「自我異化」來解釋資本主義，自我異化是負面、否定的，但卻有改變現狀、增益人類之不能（self-enriching）的作用。換言之，資本主義的出現正是人類發展史上的異數，它一方面是人類生產力史無前例的創造，另一方面也是人類有史以來遭逢異化的高峰，以致異化必遭否決。異化的否定，即爲異化的祛除，是故資本主義爲人類脫胎換骨、置於死地而後生的契機（Walicki 38-44）。

合理化和自我異化變成資本主義基本意義的兩種特徵，或二選一的選擇特徵。合理化將現代科學一併吞噬下去，於是作爲特殊的人類之業績，科學也成爲當代寰宇命運表現的工具。是故韋伯說：「科學的進步是一種因素，一種最重要的因素......在那種我們所知數千年發展的知識化之過程中，在現代人們以異常負面的方法來加以評價」

（Weber 1958b：138ff.）。由於韋伯的雄心壯志在研究社會的實在，但爲了捕捉與理解社會實在，勢必發展出一套社會科學的方法論來，是故方法論代表韋伯的科學觀（吳庚14-19）。對科學採取同樣態度的是馬克思，他響應很多人批判政治經濟學把那些本來連結在一起的事物分裂成爲碎片，指出學者們好像不是把實在搗碎爲教科書中的零簡斷篇，而是用教科書的雞零狗碎之概念投射於實在之上，其結果不再是事實關係的掌握，而變成了概念與概念之間的「辯證性的妥協」。爲了對雞零狗碎的實在之理解，科學也分門別類，以各種專門性的科學之面目呈現，並且也以規範的要求來保證各學科對眞理、客觀性、科學性的掌握（洪鎌德 1997b：152-154）。這就是馬克思反對科學的分門別類，他應該可以說是現代科學整合運動的開路先鋒，是主張科學定於一尊，或科學的統一（把自然科學與社會科學、或實質科學和精神科學加以統一）的實踐者。

　　由於韋伯與馬克思對現代科學有這種理解，是故他們的科學著作中所呈現的歧異性、複雜性，並不妨礙我們對他們共同的關懷之理解。畢竟他們是在批判當代的世界，關懷人類的命運。他們建立在哲學人類學之上的社會學說，自然具有震撼其同代而影響後世的作用。

韋伯對馬克思的評價與兩人的關係

　　根據施樂特（Gerd Schroeter）的研究，截至1980年代中期，西方學者對韋伯與馬克思的關係，究竟如何評論，迄無一定的看法。這些評論主要來自羅維特1932年的作品（Löwith 1993），還有葛爾特（Han H. Gerth）和米爾思（C. Wright Mills）收集韋伯文章的引論（Weber 1958b: 3-74），帕森思對韋伯《新教倫理和資本主義精神》一書英譯（1930）的材料（Weber 1958a: 13-31），以及1935年至1945年間社會學家沙樂門（Albert Salomon）的看法（Schroeter 2-3）。沙氏認為韋伯與馬克思的作品似乎是針鋒相對，然後斷言：「瑪克士・韋伯……是一位與馬克思幽靈進行長久而又緊密對話的社會學家」（Salomon 1945: 596）。帕森思則指出：韋伯直接挑戰馬克思的解釋典型，意即不贊成馬克思對事物解釋的方式（Parsons 1949: 510）。

　　不管其後的學者視兩人之間是相反相剋還是相輔相成的關係，或者說是在進行爭辯、對抗，還是修正、對話。要理解韋伯與馬克思的關係，只有在韋伯的著作中尋找答案。可是韋伯的作品中直接提到馬克思、馬克思主義、歷史唯物論、社會主義之處不多。即便是他對社會主義的批評，一般都只提及他1918年的演講。這種情況使學者們推

想，韋伯可能無法分辨馬克思的原著，以及其徒子徒孫所竄改的馬克思主義之教條。

然而，施樂特卻不認同韋伯無法分辨馬克思原著與庸俗馬克思主義之不同的說詞。在討論社會科學客觀性的文章中，韋伯稱讚馬克思是一位偉大的思想家，在談到社會主義的演講中，韋伯又讚美《共產黨宣言》是「第一級的科學成就」，且連提十三次之多。在他死前的談話中他提及：「我們在知識上所存活的世界就是馬克思與尼采所形塑的世界」（Baumgarten 555）。《共產黨宣言》和《資本論》至少在韋伯的各種著作中各出現三次，《哲學的貧困》至少也提及一次。韋伯的《普通經濟史》，係死後才出版，其中也有不少地方談到馬克思。

在〈社會科學與社會政策認知的「客觀性」〉（1904）一文中，韋伯除了讚美馬克思為一位偉大的思想家之外，又有下列的評論：「我們刻意不提及我們認為最重要的理念類型之建構物，因為該項〔理念解釋的模型〕涉及馬克思。我們所以這樣做在避免引起對馬克思解釋（*Marx-Interpretationen*）之複雜性」（Weber 1968c: 204）。這句話顯示韋伯對馬克思原著，以及其徒子徒孫對馬克思著作的解釋（包括竄改在內）兩者是有所分辨的。

在評論司丹木勒（Rudolf Stammler 1856-1938）的文章中，韋伯說：「我們並不關心司丹木勒的唯物史觀是否

妥善，自從《共產黨宣言》發布至今馬克思後人的解釋，這個理論已經歷了各種各樣的形式」。在此句話的詮釋上，韋伯還加上這段話：「唯物史觀中『唯物』的意思可以參考阿德勒（Max Adler〔1873-1937〕）的作品......」，由此可見韋伯懂得使用馬克思的原意來對抗司丹木勒。

韋伯懂得分辨馬克思原作及庸俗馬克思主義者的觀點，也可由他參加的學術會議上之發言記錄知曉。1896年他參加「國家社會協會」（National-Sozialer Verein）的創會活動，他談及工人心理解放之必要，這是因為「社會民主黨無法容忍思想的自由，因為它把馬克思零散的體系強行灌輸到群眾的腦中，造成一種教條的緣故」（Weber 1971: 26）。

在1910年德國社會學會的年會上，韋伯評論了宋巴特（Werner Sombart 1863-1941）的一篇文章中指出：「所謂唯物史觀在今天的解釋中已完全混亂了它的原意......當然馬克思企圖建立的唯物史觀〔在今天〕已完全失掉其銳利的好處」（Weber 1924a: 450）。

傅萊敘曼（Eugene Fleischmann）指出：韋伯在早期的實質問題之探討上受到馬克思觀念的影響，後來才擺脫馬克思的陰影而投入尼采的懷抱中（Fleischmann 218）。韋伯擁抱馬克思理念的時期，一般認為是他精神崩潰的1898年之前。有人則認為是1892年他受德國社會政策協會

之委託，對東易北河省份農業工作者所作的調查研究時，亦即他對歷史唯物論採取慎重研究之時。蓋其時他在涉及古羅馬文明的闡述中，喜用「上層建築」與「下層建築」等詞謂。1894年韋伯在「福音社會團契」（Evangelisch-Sozialer Kongress）上發言，主張「階級鬥爭」是工業社會整合的因素（Mommsen 1978: 109）。當韋伯於1902年大病初癒恢復寫作之後，他不再使用這樣明顯的馬克思字眼。相反地，在其後20年間，他對唯物史觀屢有批評，這可能意涵他對自己的自我批判，批判自己一度對馬克思學說的著迷（Kozyr-Kowalski 7）。

反對韋伯受到馬克思觀念的影響，甚至否認韋伯有馬克思迷戀期的學者指出，在韋伯受教育的時代，其老師與同事受到經濟決定論影響者頗多，而反對資本主義的心態也十分普遍，但這種學界的心態不當解釋為韋伯曾經是馬克思主義者，或曾經經歷馬克思主義的時期（a Marxist phase）（Roth 1971: 240）。持平的看法應是紀登士（Anthony Giddens）的論調，他說：「當然吾人應該尊重韋伯本人對他與馬克思的關係所做的聲明。但這些聲明不可用來作為這兩位作者的作品之間真正有所關連的性質之充份指標」（Giddens 1970: 290及本書第2章）。

施樂特進一步指出：檢討韋伯的主要著作，俾了解他是否受到馬克思的影響，也是一條研究的途徑。只是學者

們對什麼作品構成韋伯的最重要著作（*magnum opus*），還是爭議不決：有主張《經濟與社會》、或對世界各大宗教之考察、或其社會科學方法論、甚至其《普通經濟史》等等。但一般認為韋伯同馬克思一樣最感覺興趣的所在是資本主義。這包括(1)資本主義生成的詮釋；(2)成熟的資本主義特徵之描述；(3)資本主義的評價。馬克思與韋伯都對資本主義上述三大面向做過仔細的考察。他們兩人最大的不同在對資本主義的評價，以及資本主義未來發展的預測。紀登士指出：「關於資本主義的歷史和發生，馬克思和韋伯所寫的東西顯示了一般理論上的連貫性（congruity）」（Giddens 1970: 302；洪鎌德 1997a：112-113）。

對於成熟的資本主義之特徵，特別是個人在資本主義社會中的苦況（異化和合理化），馬克思和韋伯大概都有共識。唯獨對資本主義的評價，兩人的意見相左。在1918年有關社會主義的演講中，韋伯挑戰了馬克思主義者的觀點，他說：「不是工人的專政，而是官員的專政，至少就目前發展的情況來判斷，是愈來愈明顯」（Eldrige 209）。有人則說：「事實上韋伯並沒有意思替資本主義的缺點加以掩飾，只是他無法找到一個有效替代資本主義的體制」（Mommsen 1977：394）。馬克思則至其死亡之日仍舊相信有取代資本主義的制度——社會主義——之存在與實現

的可能。

　　馬克思和韋伯經常用相同的方式來描寫資本主義，把它當成具有世界範圍的重要性之歷史現象，不過這種看法卻也有相當歧異的涵義。對馬克思而言，資本主義牽涉到生產的特別之社會關係，這種特殊的社會關係顯示了社會的不平等和剝削（例如剩餘價值的生產與佔有），這是走向未來美好社會秩序必須償付的代價。對韋伯而言，資本主義只是「西洋理性主義」（occidental rationalism）之一個境界（面向 dimension），它逐漸演變爲社會生活每一方面的專業化、官僚化和機械化，其結果造成競爭性的資本主義，由於過度合理化而窒息、而僵化。世界最終變成存活著「沒有精神的專家和沒有心靈的享樂者」（Weber 1958a: 182）。這當然爲韋伯所不樂見的結果，但他卻認爲這是現代人的宿命，是無法逃脫的。

　　上述的不同，顯示馬克思把他所體認的18與19世紀的資本主義之活力作出描寫。韋伯則把資本主義的理念類型——理性主義和清心寡慾——當作他活著的時代德國人應該追求的生活之道。因之，韋伯所描繪的資本主義，其實是他本身的理想，對描寫當時的現實（實在）幫助有限，不過對於作爲政治家的韋伯卻是努力要把現實拉近的理想。在政壇上身爲作家與宣傳家的韋伯盡力鼓吹資本主義最具活力的那些因素（Lindenlaub 296-297）。連他的名

作《新教倫理與資本主義精神》，也是企圖在振興資產階級、清教徒的階級意識（Mommsen 1978: 65-66）。

根據施樂特的看法，馬克思和韋伯的第三條比較的途徑，可能是撇開他們兩人之間的關係與出版品，而強調兩人所受的哲學影響及其思想背景（Schroeter,*ibid.*, 11-12）。因之，簡單地說，把馬克思看作黑格爾門徒，至少其早期思想深受黑格爾的影響，還是像賀勒（Agnes Heller）所言，馬克思對自由與解放的觀念是古典自由主義的激烈化、偏激化（radicalization）（Heller 1991: 195-208）。另一方面，在哲學傳統的定位上，把韋伯視爲康德學派或新康德學派的人。麥爾（Carl Mayer）在1974年一次談話的最終聲明爲：「馬克思和韋伯相對抗的問題，一言以蔽之，是黑格爾對抗康德或康德對抗黑格爾的問題」（Mayer 719；洪鎌德、邱思愼 80；本書第三章）。這種貼標籤、談出身（思想源頭），對兩人思想、學說的同異之比較，並沒有提示更多的意義，故爲施樂特所不取。

不過與這條新途徑有關的說法是認爲，在對馬克思與韋伯進行分析而企求兩者觀點的接近，有必要探索韋伯重要著作中涉及「存在的」（ontic）的方面，亦即討論人在資本主義社會中存在的問題。可惜這方面爲向來研究韋伯的學者所忽視。其實屠爾內（Bryan Turner）認爲韋伯對「社會形構」（social formation）的分析便接近馬克思主義

派的結構主義，而與他所標榜的瞭悟原則離開較遠，是故韋伯社會學的關鍵並非他認識論的特殊，而是對合理化、慣常化和世俗化無可避免的過程之分析（B. Turner 1981: 101-102）。顯然，羅維特在他那篇開路先鋒的比較文章中，就是以海德格「在世界中之存在」（being-in-the-world）來解釋韋伯的人性觀。以此人性觀來比較馬克思資本主義下人的異化觀，同時以當代人的存在方式來比較兩者的觀點，這些羅維特的講法與提法為特內所頌揚，認為這篇佳作具有三大原創性的貢獻：其一為揭示兩人關懷以人為中心之現代社會批判；其二、藉海德格的存在主義來燭照馬克思與韋伯討論現代人的處境與命運；其三為利用尼采對所有價值之重新評價，來說明韋伯對世事的悲觀，對現代理性社會無可逃遁的宿命之無奈（B. Turner 1993: 6-10）。

韋伯這種偏離個人瞭悟而接近結構主義的觀點還可以從下面的例子得知。在1892年考察東易北河諸省農民的情形時，韋伯給人的印象是：當韋伯的同事強調個別人與另外的個別人在進行互動之際，可是他（韋伯）卻認為這是體系在束縛諸個人（Dibble 96）。在1908年給杜尼士（Ferdinand Tönnies 1855-1936）的一封信上，韋伯自稱自己為一個「超個人的結構體系者」（引自Baumgarten 399）。在《經濟與社會》結尾，韋伯又如此地說：「基本上，任何個人的行為無法這樣追問，因為在各方面他是受

到規定的情境所束縛的」（Weber 1978: 1186）。這些例子說明把韋伯定位康德派門徒之輕率。同樣地，把馬克思當作黑格爾門徒或採取黑格爾的思想模式，也是不適當的（Schroeter 11-12）。

綜合以上的說明，施樂特提出五點的結論：(1)儘管韋伯對馬克思主義、唯物史觀、德國社民黨有嚴厲的批評，不一定引伸為他對馬克思的批評；(2)何者為馬克思和韋伯兩人最重要的著作之爭議未決；(3)究竟以認知論，還是以著作內容來判斷韋伯對馬克思的關係，學界也欠缺一致的見解；(4)藉哲學思潮或派別來為兩人定位，只有引發更多的爭論；(5)韋伯對馬克思的關係仍舊眾說紛紜、莫衷一是。不過要比較兩人相異的地方尚多，譬如(a)他們思想中辯證的因素；(b)他們兩人對「衝突」的強調；(c)不知論（agnosticism）與「實踐」之間的緊張關係等等都有待審慎考察。這些都可以作為兩人學說的比較論題（*ibid.*, 12-13）。總之，施樂特的文章在說明把韋伯與馬克思兩人學說加以比較之不易。

從韋伯看馬克思：羅維特的詮釋

儘管要比較韋伯與馬克思的歧異，絕非易事，但這方面的嘗試與努力自1930年代以來便有學者在進行。羅維特

的作品是以存在主義的觀點來討論韋伯的學說，也介紹馬克思的理念，可以說是透過韋伯來評論馬克思，而不只是比較馬克思和韋伯理論的差異而已。比較兩人思想不同的關鍵為現代西方資本主義的文化意義和未來發展，而兩人的相異立基於哲學人類學的概念之不同，也就表現在韋伯對「合理性」和馬克思對「異化」兩個不同的概念之上。

韋伯認為社會科學為「實在（實相）的科學」（*Wirklichkeitswissenschaft*），是探究人們所處的社會情境與周遭實在，以及社會何以由以往的情況，在歷史變遷過程中變成今天的樣子，社會實在裡頭諸現象的關連及其文化意義也成為社會學探察的對象（翟本瑞 1989a: 47ff.）。要之，為了瞭解吾人周遭實在的意義，人們無法在社會演變的規律中去尋找，只有在現象彼此的關連及其與價值的聯繫當中尋覓其意義。科學是人認知外面世界──周遭的實在──諸種途徑之一，它多少反映人存在的歷史性格，因之，科學跳脫不出人存在的命運。

韋伯這種科學觀與馬克思主義者眼中的科學純粹性──不受人存在的性質之影響──是有重大的分別。韋伯對科學性質的感受深刻，使他懷疑特殊的知識和理性化的知識之意義。知識一旦變成特殊化與專業化，也就變成「實證的」、「正面的」、「積極的」，那麼科學也就變作資本主義的精神了。韋伯對科學能夠絕對掌握真理的懷疑，

就如同尼采不信哲學可以掌握真理。科學只能分辨事實，但無法評判價值。他要求科學判斷的價值中立，並非把價值觀念和實際利益排除，而是把價值與利益客體化，使科學與信仰、事實陳述與期待嚮往（企圖願望）能夠分開。馬克思號稱科學的社會主義所以受到韋伯的拒斥，不是由於它建立於個人的信念之上，而這種信念無法在現實中證明為真或假。反之，韋伯反對科學的社會主義是在於它基本假設的主觀性，但馬克思主義者卻企圖把這一主觀性用客觀性來加以包裝、加以掩飾。這等於是把主體性與客體性混為一談。由此顯示韋伯認為馬克思主義的毛病不是對科學依賴太少，而是太多，它缺乏的是科學的「開放心態」（*Unbefangenheit*）。韋伯認為，把理念與規範結合在一起，是下達價值判斷之事，而非科學的事實分析。因之，要求人們採取行動、搞實踐是價值之事，而不是科學的工作。但這並不意謂科學對人的理念或價值沒有置喙的餘地。反之，科學可以進行檢驗與反思人類所設定的理想與價值，討論以怎樣的手段可以有效、省力地達成怎樣的目的（張維安 1989a: 17-38）。

於是韋伯說：「科學的自我反思揚棄特殊科學幼稚的實證性（naive positivity）。它〔科學〕並不指出什麼是『應當』做，而是指出：為達到既定的目的，在現有的手段下〔選擇何者〕就能圓融地去做。最重要的是，這種自

我反思能夠幫助我們知道我們真正所要做的事情」（Weber 1949: 51）。換言之，科學不在替我們選擇價值，但人們一旦選擇好價值與目標之後，科學會幫助我們去分析與評估使用何種手段來達致目標，實現價值。

在基督教勢力衰退後的現代西方，人們認為現世已無絕對（神的旨意）之存在，沒有靈魂的拯救、或最後裁判的期待，作為人活在世上最後的期盼與最終的關懷。反之，一大堆世俗化的價值──金錢、財富、聲名、權勢等等取而代之。這些諸種價值彼此還互相較勁、大力競爭，現代人活在世俗化、價值的多元化、相互競爭的情形下，逐漸對世界的陌生、神祕、魔幻不覺驚訝不再執迷，也就不受羈束。要之，現代人逐漸擺脫迷信的羈縻、宗教的束縛，而接受理性的呼喚，面對現實的世界──一個去掉魔術幻化的世界（*Entzauberte Welt*）。

韋伯說：

> 我們時代的一個宿命，便是它帶有合理性（rationalization）與知識性（intellectualization），而最顯明的在於為世界去除魔力與神祕化（disenchantment），這是指最終的與最奧妙的價值逐漸從公共領域消退而言（Weber 1958b: 155）。

不過韋伯卻發現，在走向合理化的過程中，隨合理化而來的常是非理性的事物（irrationality），這是因爲合理性在生活不合理的情況下形成的，這也就是合理性本身的矛盾。

　　現代人一旦生活在一個去掉神祕面紗的世界，他就是被置入於一個世俗化與合理化的實在當中。社會結構莫非諸個人活動的境遇和表現。對主張方法論個人主義（methodological individualism）的韋伯而言，一個自給自足的人身（person），就是個人（individual），而非社會。是故任何社會的集體——人群、階級、政黨——都可以從個人之行動來加以解釋。

　　韋伯的方法論個人主義的前提是他所說：人的社會行動係由行動者主觀的解釋，而得到瞭解。由於人是能夠把價值落實的動物，因此文化科學中的因果關係只有藉意義才能夠被瞭解。而意義是每個個人在文化情境下給予他行動的動機的一項說詞，因之，韋伯主張社會學家要把集體單元當成個別人特殊行動之綜合，也是個人行動的組織方式，因爲只有個人才可被當作在主觀理解的行動過程中「單獨的」、「唯一的」行動者（Weber 1964: 101, 98-103）。換言之，個人是唯一、眞實的、實在的生存單元，只有個人有資格談存在，也唯有個人對其本身之行動須要負責，也能夠負責，而人的集合體，像國家、社群等等都

是神祕化的東西。在今日合理性大增的時代，這些客體物
——包括典章制度——都面臨去掉神祕面紗的命運，則
其獨立自存的意義也逐漸喪失。韋伯這種重視個人價值的
觀念，自然與馬克思重視集體，特別是重視社群的想法，
可以說是完全相反。此外，韋伯也反對歷史有「發展」和
「進步」的觀念，他認為這是馬克思主義嚴重的偏見
（Weber 1949: 101ff.）。

　　馬克思認為資本主義是社會體制（物）對人的奴役，
使人類（特別是勞動者）的自由喪失，因之，推翻資本主
義在於人類的解放，恢復人類的自由。韋伯則認為現代生
活充滿各種各樣「合理性」的制度、組織、秩序、建制等
等，這些典章制度的合理性卻限制作為主體的個人之自
由。在這一意義下，韋伯談合理性對現代人的衝擊，不亞
於馬克思談異化對現代人的束縛，兩者有異曲同工之妙。

　　不過兩人對現代人自由的看法仍有很大的分別。馬克
思不但認為在資本主義之下勞工階級完全喪失自由，就是
資產階級的自由也是虛幻的自由，不實在的自由，他們受
貪婪的控制，受利潤、利益——物——的控制，受人類
零碎化、原子化、分工化的控制，也無真正的自由可言。
韋伯則沒有像馬克思一樣，一口斷言現代人都喪失自由，
只是指出在合理性的擴張與侵襲下個人的自由相對減少。
不過當今的社會是一個蘿蔔一個坑的專業化社會，作為自

足的個人，作爲負責的個人，只要肯在其各行各業中認眞工作，仍會在「鐵籠」中發揮活動的空間，也就保有、甚至擴大個人的自由。

現代的社會結構就是資本主義的社會結構。這個結構的特徵爲：生活在其中的人，也就是現代西方人，對生活的態度和生活之道完全受著世俗化與合理化的宰制。他遂解釋資本主義的理性爲一種「原創性的整體」（original totality），形成覆天載地、包羅萬象的西方「精神面貌」（ethos）。這種精神面貌也構成了資本主義的精神。

過去影響個人生活最重要的因素爲宗教的力量，包括教義引伸的倫理觀念和義務要求，但在今天宗教勢力衰退之後，影響西方人行事最大者爲資本主義的精神。韋伯遂尋找新教倫理和資本主義精神之間內在的聯繫。他發現兩者有「選擇性的親近」（*Wahlverwandschaft*；elective affinity，又譯爲選擇性親和性）的存在（翟本瑞 1989b: 85-103）。亦即存在於宗教信仰與經濟行動之間有相似、類同親戚之間的關連，兩者都基於一項普遍的精神，或精神樣貌，而以西方資產階級爲這種精神面貌的載體。

這種普遍性、寰宇性的合理化造成現代人必須屈服於各種各樣的「器具」（apparatus）之下，生活於「鐵籠」之中。不過話又說回來，合理性卻也與人的自由連繫在一起。韋伯反對把人的行動之不可預測性和隨意的創發性視

爲自由的表現。反之，人的行爲的自由表現在不受外力的壓迫、限制之上，也表現在可被預測之上。考量一個人在何種手段下可達成何種目標而不受意外事件的干擾，這就是計算他是否享有自由，以及自由程度高低的標準。每個人的人格特質是牽連到他人生的目標和最終的價值。在平常的行動中，個人把這些價值與意義轉化爲該行動的目標，而使行動成爲合理而又有目的的行動。因之，計量得失，評估利害，而朝目標邁進的行動，既是合乎理性，也是符合自由的行動（Löwith 66-67；陳介玄 1989a：121-129）。

　　人能夠自由採取行動，也就是把手段與目的有效地、合理地連結在一起，顯示這個人對其行動要負責，是故自由與負責也是關係密切。爲了強調每人對自己行動的後果之負責，韋伯倡說責任倫理（*Verantwortungsethik*）。責任倫理不同於存心倫理（*Gesinnungsethik*），或稱爲堅信倫理、價值倫理、良知倫理。存心倫理是只堅信某些價值，爲求取其實現而不擇手段、不計後果的行爲之倫理。反之，責任倫理是一種工具理性的倫理，相對性的倫理，它是把人目的合理性之行爲扣緊人的責任感的倫理（吳庚 48-50）。

　　韋伯認爲文化發展的癥結與毛病便是合理性變成了非理性，亦即合理化的過程產生非理性的結果之矛盾。這點

同馬克思相似，均被視爲現代人的困境。但在評價方面兩人大異其趣。馬克思視資本主義爲一個顚倒社會事實的體制，其直接的表述爲人類的客體化、原子化（雞零狗碎化）和異化。對韋伯而言，人變成特殊行業的籠中鳥，乃是專業化、理性化的必然歸趨。對人類這種宿命，韋伯不像馬克思那樣，口誅筆伐、大肆抨擊，反而有逆來順受的味道，這就表現在他政治理念的二律背反之上。換言之，韋伯主張無條件響應典章制度理性的呼喚，將這個「鐵籠」轉化爲個人自由行動與實現自己的空間。他否認現代典章制度的內在價值，但卻認爲它是每個人成全其本身可資運用的手段。目的和價值最後的判斷與最後的採取顯示人的主體性。對於這種主體性的承認可以保證科學思想與政治行爲的現實性和落實性。他這種立場也造成兩元性對立與緊張：一方面捍衛個人的自主、自由、自決之重要性；他方面承認人對政治世界與經濟世界愈來愈沈重的依賴。韋伯嚴格的兩分與對立：科學方法論與實際行動之分、事物與人身之分、客觀認知與主觀評價之分、官僚與領導之分、責任倫理與存心倫理之分。這些分別與對立都是奠立在自由與理性衝突的基礎之上（Löwith 70）。

韋伯不認爲人的目的在追求與獲取現世的幸福。對他來說，負責盡職才是做人的意義和價值。爲此，他不像馬克思痛斥自我異化，還進一步企圖揚棄異化。反之，他採

用了一個中立的學術概念「合理性」。合理性既是現代世界的成就，本身卻使人類過著非理性的生活，是故他既讚美、也哀嘆這種宿命的合理化過程（fateful process of rationalization）。合理化過程所產生的現代生活之「秩序」、「安全」、「專業化」等現象，無一不令韋伯深覺懷疑，亦即質疑這些現象的意義和價值。但另一方面，他又以學者專家的身分、以參政者的身分積極參與這個看似合理，實質上為不合理的世界之活動。顯然人如果採取存心或價值倫理來看待這個非理性的世界、或「世界倫理上的非理性」，那麼人將無法存活下去。這也是韋伯所以主張以責任倫理、而非存心倫理來做人處世的原因。此外，他的政治觀是認為，如果善只有善果，惡只有惡果，那麼這世間何需政治，政治那裡還會出問題？

　　在第一次世界大戰接近尾聲之際，韋伯感覺合理化的過程促成官僚化與國有化邁開大步向前奔進。因之，他感慨地說，縱然私有資本主義能夠消滅，現代工業勞作的鐵籠不見得會打破。相反地，取代資本主義的國有化或社會化企業將變成更進一步的官僚化。揆諸其後蘇聯社會主義的建立和推行，韋伯的預測──官僚主義的橫行與鴨霸──不幸而言中。他視官僚為「活的機器」，其特徵為專業化與訓練。這個活機器與死機器合建拘束現代人的籠子。由於官僚提供人各種各樣的服務，而使現代人被迫在

鐵籠內尋求妥協與適應。因之，在面對排山倒海的官僚統治架勢的來臨，人們應當如何「從靈魂的粉碎中，從生活受到官僚理想的絕對統治下掙脫出來，而保留殘餘的人性」(Weber 1924a：412ff.)，是非常重要的。

面對人身化成的機器之官僚體制，現代社會中的英雄人物，或稱「資本主義英雄時代」的殘餘，便數能夠盡職負責的政治家和企業家而已。他們也是在「鐵籠」中能夠爭取活動空間享受個人自由的一群人。因之，韋伯認為當成人類的個人是被置入於一個必須屈就、降服的世界中。在這樣的一個世界中，個人只隸屬他自己，也只有依賴他自己。這點與馬克思之強調人為社群動物，講究社群的和諧、社群或人群的合一完全不同。

造成個人必須仰賴自己、單純依靠著自己的先決條件，就是充滿一大堆典章文物、法令規章的世界。人是面對這種世界也是反對這種世界而存活的。韋伯就是持反對世界的立場來著書立說，一個人活在現世中，又反對現世，在反對聲中完成人的本身，這就是韋伯的人生觀，也是他所關懷的自由觀──「活動的自由」。在政治上，他這種反對的立場表現在他主張帶領「官僚機器」的「領導式民主」(leadership-democracy)，來對抗沒有領袖的民主，或只有領袖而又規避官僚「機器」的那種政治制度。

韋伯這種確認矛盾的好處，甚至擁抱矛盾的作法，使

他的學說與馬克思的主張截然兩樣。有異於黑格爾，馬克思在國家的絕對組織中不只保留矛盾，還要進一步消滅矛盾，消滅國家，而把它轉化為沒有矛盾的理想社會——共產主義（洪鎌德 1997c：339-341）。與此相異的是韋伯治學的動機就是矛盾，一個不斷更新的矛盾，也就是對理性化世界的承認，以及相反勢力的人活動的自由之間的矛盾之承認（Löwith 77）。

這種矛盾表現在人的方面，就是作為一個普通人與作為一個專家之間的衝突。這也是合理性和自由的合一和撕二，表現在韋伯本人身上的矛盾現象。韋伯曾經是一位學者、專家、政治人物，在不同的時候他扮演不同的角色，表面上看不出他人格的整體性，但他的個體性也就表現在他不同角色的不同反應、不同作為這種特殊性格之上。

在這裡我們又看出韋伯有異於馬克思的地方。馬克思處心積慮要找出取消人特殊的存在（像以專家的身分之存在）的方法，因為特殊存在意謂合理性的世界之存在。馬克思也要取消社會分工，認為它使個人雞零狗碎化、原子化，而違離人圓融完整的真人本質（*eigentlicher Mensch*）。反之，韋伯探究在這無可避免的「零碎化」的存在方式中，個人如何來保持其自由，俾為個人盡職負責。韋伯也贊同馬克思自我異化的概念。不過，對他（韋伯）而言，自我異化正是個人可以爭取活動空間的機會，

也是強迫個人追尋最大自由的動力。在「專家無精神，享樂者無心靈」，講究訓練與專業化的世界裡，一個人必須隨時採取行動，並藉否定、反對的激情來打破拘束現代人的鐵籠，這就是他「活動的自由」的意思（Löwith 78）。

至此，韋伯對個人的重視自不待言，他反對那種抽象、大而無當的「普遍人性」之概念，他只把研究的對象擺在專家的專業之上。因為專業者的作為乃是人類值得做的行動。對他而言，他反對「整全的人性」、或「全體的人類」這類空洞的詞謂，而要求各人盡心盡力在其工作崗位善盡本職，儘管大家的靈魂是零散的，每個人的行動是零碎的。「對人而言，再也沒有比他用盡全心全力所幹的事更有價值了」（Weber 1958b: 135）。

韋伯所追求的這種自由，在馬克思心目中是資產階級虛偽的自由，或稱是自由的幻象，因為馬克思最終要實現的是最高的共同體中之自由，是個體與集體和諧的自由，是個人慾求、能力與才華徹底發展的自由（洪鎌德 1997d: 69-72）。這種馬克思的自由觀，對韋伯而言乃是烏托邦的。相反地，馬克思如地下有知，必然指摘韋伯所期待的英雄式人物（政治家、學者、企業家等）為死人的再現，其冷酷的實在絕非英雄式的。韋伯視為現代人無可避免的宿命，對馬克思而言，只是人類的「前史」，而馬克思視為正史的開展，在韋伯心中無非是存心或價值倫理在作祟

而已。

　　要之，韋伯與馬克思對世界與人性的不同看法，也就是表達在他們兩人對現代布爾喬亞世界歧異的觀點之上，這個世界的特徵對韋伯而言是「理性」，但對馬克思而言卻是「異化」（Löwith 79-80）。

第四章　馬克思與韋伯學說的 歧異——麥爾的詮釋

引 言

　　近代社會學的產生可以說是西洋學界對英國肇始的產業革命和法國爆發的大革命之反思，也是對18世紀啓蒙思想的省察；更重要的則是針對19世紀以降馬克思及其追隨者理念的響應與批判。作爲資產階級思想代言人的韋伯，遂被視爲批判馬克思學說的急先鋒。有人甚至把韋伯當成資產階級的馬克思來看待，或認爲他之所以作爲一位社會學家是與「馬克思的陰魂長期與密切的交接應對之結果」（Salomon 596）。

　　事實上，馬克思和韋伯都曾經大量地使用歷史材料，並以寰球的、宏觀的、巨視的角度，應用歷史發展的邏輯來進行社會制度的剖析與批判。兩人揚棄以統合的想法，而採取衝突的觀點來評論當代西洋最重要的制度——資本主義。儘管兩人在研究的範圍、方法的取向、理論的形態等方面有所不同，但兩人關懷的主題，仍舊是當代或跨世紀的人類所不可忽視的。

　　儘管韋伯在世之日，有關他與馬克思之間學說的異同，早就引起爭論，但自從他逝世以來這70、80年間，有關他與馬克思理論的爭議反而引起學界極大的興趣。這種馬克思與韋伯的爭辯視爲20世紀人文與社會科學界的盛事，應該是可被接受的事實。

早期兩人的爭議主要集中在資本主義和社會主義衝突兩項社會事實解釋孰為優劣的上面。有人認為韋伯有關新教倫理作為現代資本主義的最先條件之理論，較馬克思唯物史觀高明。有人指出韋伯以階級——階層——黨派來解釋社會衝突並不比馬克思的階級鬥爭說優越。參與爭論的學者不是認為韋伯只是擴大馬克思有關階級的解說（Weber 1946; Schumpeter 1947），便是以為韋伯根本反對，甚至企圖取代馬克思的說詞（Parsons 1937）。另外第三派則認為：兩人的問題意識（problematics），包括邏輯推理與認知假設都迥然不同。因之，把兩人的學說作正面的比較是毫無可能的（Löwith 1993）。

　　自從1960年代後期開始，有關馬克思與韋伯理論之爭辯，無論是使用的詞彙或強調的議題與從前的爭論已大不相同。爭論比較上不像以前那樣把兩者的不同兩極化或概括化，而是以實用的、中階的（middle-level）方式，指陳這兩位理論家相輔相成的部分。

　　其原因主要是美國研究韋伯的學者不似以往那樣盲目地排斥馬克思。這與帕森思（Talcott Parsons 1902-1979）對韋伯功能派的解說趨向式微有關，也與學界在反越戰以來逐漸左轉有關。另外，自從60與70年代以來，新馬克思主義的思潮泛濫美國校園與論壇（洪鎌德 1996a: 41-63），其代表性人物如華勒斯坦（Immanuel Wallerstein）所討論

的世界經濟體系下之國家與軍事的問題，都能與韋伯的觀點契合，而西方馬克思主義者和法蘭克福學派的理論，更有迎合韋伯學說之勢（Anderson 1976）。

由於在1960與70年代世界局勢的劇變，引發人們研究興趣的轉換，一向居社會科學主流之社會學，逐漸由國際政治與政治經濟學兩門學說所取代，這兩門學科中所彰顯的「選擇性的親近」（*Wahlverwandschaft*; elective affinity）[註]是針對戰前貧富國家與社會所滋生的問題，以及戰後兩大集團和第三世界的互動，而引起不同理論的探討，從而發現馬克思與韋伯對問題的提出與解決之道也有「選擇性的親近」。這也就是促成馬克思──韋伯的爭辯進入嶄新的時期（Wiley 9）。

就在這段時間中，我們有幸讀到麥爾（Carl Mayer）有關韋伯對馬克思學說的詮釋（Mayer 1975），深覺此文對馬克思──韋伯的爭辯有其獨特的看法，值得介紹給臺灣的讀者知悉。因之，在並非字斟句酌的直譯原文之下，將麥爾的剖析重加整理鋪陳，並增加本書編者的看法，希望對這兩位現代傑出的社會理論家學說之理解，稍微有些幫助。

問題的提出

在20世紀30年代，研究韋伯的著名學者沙樂門
（Albert Salomon）指稱韋伯的作品不僅需針對著馬克思的
背景下予以檢視才能獲得理解，而且韋伯的作品本身反映
著他終身研究馬克思的結果。這種提法相當有趣，但並非
完全正確。原因之一爲在韋伯學術生涯的第一個階段──
他1899～1902年生病之前──馬克思的作品對他意義不
大。他在1902年之前所做的乃是以一種特殊的方式應用馬
克思體系中的範疇來從事他自己的研究（例如，有關古代
世界衰落之社會原因這項小型的研究）。除此之外，他曾
經提到支離破碎的馬克思科學體系，他認爲這一體系乃是
教條式地灌輸於當年的德國工人腦裡，而成爲一套意識形
態。

在很多著作中，並無跡象顯示出韋伯對馬克思曾經進
行了實際批判性分析。韋伯所受的影響有其他的來源：孟
森（Theodor Mommsen）影響了他關於羅馬農業史方面的
考察；麥琛（August Meitzen）影響了他關於日耳曼農業
結構史方面的探索；此外歷史經濟學派則影響了他撰寫社
會兼政治論文等等。然而，到了他學術生涯的第二階段，
情況便完全改觀，從此韋伯開始爲日後的作品建構理論兼
方法論上的（theoretical-methodological）基礎，同時投身

於其宗教社會學研究之浩瀚材料之中。這項工作的開展使得他必須去處理馬克思所思考的問題。韋伯的妻子瑪麗雅娜‧韋伯（Marianne Weber）曾經表示他在1918年提出了這個題目「歷史唯物觀點之正面批判」（The Positive Critique of the Materialist Conception of History）。這並非韋伯對馬克思唯一的批判與討論。反之，由於此一作品的出現導致研究韋伯的學者產生普遍的看法：一方面，雖然兩人有著細節上的種種差別，但關於基本的方法論兼理論的預設，韋伯對馬克思沒有任何的拒斥。另一方面，人們幾乎一致認為兩人對相同的主題進行了實質的分析，這包括了所謂現代世界的結構、其發展情形、及其結果。我們可以援引兩位完全不同的作者在這一點上代表性的見解：熊彼得（Joseph Schumpeter 1883-1950），在他的《資本主義，社會主義與民主政治》一書中寫道：「韋伯所有的事實及論證完全契合於馬克思的體系」（Schumpeter 1947）。另一位作者，李希特海姆（George Lichtheim 1912-1973）則堅持韋伯的作品可以輕易地輸入馬克思體系的術語中。

重要的是葛爾特（Hans H. Gerth）和米爾思（C. Wright Mills 1916-1962）也提出了相同的論點，他們的見解在很大程度上支配了美國的韋伯詮釋，並且也對戰後德國的韋伯詮釋有極大的影響。當然，近年來對韋伯的研究更加深入，不僅僅關連到馬克思，也關連到尼采。但基本

的論題，例如鮑姆嘉騰（Eduard Baumgarten）及另一位孟森（Wolfgang J. Mommsen）所提出者，依舊是：韋伯和馬克思所提的問題是否相互一致——也就是說，關於對現代資本主義的詮釋，兩人是否在原則上相同？

透過對韋伯和馬克思基本觀點的比較分析，我們嘗試以此論題作爲討論的主題。要達到這個目的有兩種可能的途徑。第一條途徑是確實地比較關於現代資本主義特質之起源及其結果，亦即有關這方面馬克思和韋伯各自所作的分析。這項工作已由卡爾·羅維特（Karl Löwith 1897-1973）做成了典範（Löwith 1993）。在此僅只重複他的研究是毫無意義的，特別是如果我們不完全接受羅維特觀點的話，則幫助更屬有限。另一種可能的方式是比較我們在馬克思和韋伯各自的作品中所發現的基本方法論兼理論之原則。值得注意的是，這樣的一種比較分析只有在將韋伯對馬克思明示或暗示的詮釋做爲基礎的情況下，方才具有意義。韋伯對馬克思的詮釋是否適切這個問題，我們將在後面涉及其背景時才加以論述。以下我們把麥爾的觀點分別從五個方面來討論馬克思和韋伯的學說之歧異。

意識形態的問題

第一點是關於社會體系的結構以及意識形態的問題。

我們都知道馬克思把社會當做社會經濟形構（socioeconomic formation）來看待，也就是把社會體系區分為「下層結構」（substructure）和「上層建築」（superstructure）。所謂的下層結構就是經濟基礎，亦即「生產方式」，是指涉「生產力」以及矗立於其上的「社會生產關係」而言。「生產力」這個術語必須在最廣泛的意義上來加以理解，不僅僅是特定社會的科技這個意義，還包括勞力、自然、科學、技術、管理方法，以及分工。同時，所謂的社會的「生產關係」，依馬克思所理解的是以這些生產力為基礎，在社會的不同成員之間所發展出來的社會關係。簡單地（而且從法律的觀點）來說，他所指涉的是一種產權的情況，對生產資料權利擁有與否的問題，這包括階級結構、法律地位、政治秩序，以及權力分配等等問題。對馬克思來說，下層結構或經濟基礎——偶爾也被稱為社會的「實在」（reality 或實相）——乃是生產力和社會的生產關係一種特別的混合，有著極為複雜的性質。

　　另一方面，有所謂上層建築這一社會現象，馬克思將其分成兩個層次。首先是關於社會秩序人們所發展出之較低層次的概念或機制，包括典章制度。其次則是一些較高層次、抽象的終極概念：關於人和世界的本質、形而上學、宗教、象徵符號的範疇等等。關鍵的問題是下層結構

和上層建築之間的關係。以馬克思的觀點而言，我們可以說，上層建築，在與下層結構相關連時，構成了意識形態。於是我們得到相反的兩個概念：由下層結構所代表的是實在，以及由上層建築所代表的是意識形態。鑒於意識形態這個概念之極度複雜，及其各式各樣的用法，吾人應該釐清其內涵。馬克思自認為可以藉此概念清楚地指稱兩件截然可以劃分的東西。

一方面，意識形態意謂：人們所擁有的理念，不論屬於思想的較高或較低層次，並不具有自主性的來源，而是得自於下層結構，或受下層結構所決定、反射、制約。引用馬克思的著名說法：「不是意識決定存在，而是存在決定意識」。馬克思如何進一步發揮此一論點是有爭議性的。我們發現，像「產品」（product）這一概念，不只是人的外化、客體化的產物，甚至有時也是人「存有的表述」（expression of being）。這點是爭議甚大的問題。晚期的馬克思傾向於解釋上下層建築的相互制約，而指出它們辯證的互動關係。然而，比較清楚的意涵是把意識形態當做缺乏自主性與獨立性的人類理念而言。

馬克思意識形態的概念還有著第二層的意涵：理念（也就是最廣泛意義下的意識）不僅是由存在所決定，並且是不適切地反映此種存在。其結果，產生了我們所熟知的用語之「虛假意識」（false consciousness），這也就是他

所說的意識形態。換言之，上層建築並非安穩地矗立在下層結構之上。當然，此中的理由可以在階級與階級結構之社會實在的特殊二律悖反（antinomic）底結構中發現。讓我們以馬克思如何應用意識形態的概念作爲例子。馬克思本身的思想受到當時英國古典經濟學家很大的影響——只需考慮到李嘉圖（David Ricardo 1772-1823）對馬克思體系的深遠影響，便不難理解。馬克思完全樂意承認古典經濟理論適當、準確地表現了特定的社會關係。但他所批判並揭穿爲意識形態的乃是，在他看來，那些古典經濟學家將對於特定社會體系而言適當的範疇，變成絕對的，甚至扭曲成爲不受時間的限定之「自然的」範疇。在此，根據馬克思的看法，理論的經濟學便變成了意識形態。或者，我們可以舉出第二個，甚至更重要的例子，它已經在早期馬克思的思想裡有了舉足輕重的地位：宗教或形而上學體系的問題。馬克思並未宣稱人們對於終極意義及人生目的所抱持的概念必然是虛假的。他所說的是，這些概念（我們可以在例如基督教或觀念論哲學中看到）一旦將暫時有效的範疇轉換成永恆有效的範疇，就可能是虛假的。用另一種方式來說，它們乃是犯了實體化的謬誤（the fallacy of hypostatization）[註2]。就是宗教這種實體化變成馬克思對宗教性質底概念的批判，特別是對基督教的本質之抨擊。

　　從以上簡短的討論中可以得到初步的結論。對馬克思

來說，科學不僅在描述社會的結構，也在於規定並解釋此一社會結構之特殊結合底方式；也就是說，他特別要證明人們所接受、視為永恆有效的觀點卻是超驗的幻覺（transcendental illusion）。然而，就如同康德可以揭露形而上學的超驗幻覺，馬克思也認為科學可以拆穿意識形態的超驗幻覺。但是科學並不能除去意識形態，因為意識形態是一種必要的元素，其功能在於支配階級需要意識形態來隱藏其利益。摧毀意識形態乃革命行動的任務。證明上層建築的意識形態性格則是科學理論的任務。馬克思相信他已經解決了這項科學的問題。

在這一方面，韋伯的立場如何？不消說，韋伯明白承認關於下層及上層建築的問題（以及它們之間的關係）。韋伯也在實質分析中，用例如「實在的」（real）及「理念的」（ideal）元素這些概念來思考；韋伯同樣熟悉意識形態的問題——也就是說，對原本適切之理念的矯飾，它們在上述超驗幻覺中的扭曲。但在此我們看到了第一點的歧異——對韋伯而言，決定性的差別在於：儘管他承認下層及上層建築間的關係，儘管他接受意識形態作為特殊利益之表現的意涵，但是，形成上層建築之理念，其最終來源乃是具有自主性的，而不能從「社會存在」（social existence）加以引伸。

韋伯不接受馬克思「社會存在決定意識」的說法。當

然，他並不宣稱意識決定存在。但是他表示，形而上學、宗教及神話的終極源頭，不能從社會存在加以引伸，它們有自主性的起源。

假如情況是如此，那麼韋伯面對著一個非常嚴重及困難的問題：怎樣解釋下層結構和上層建築之間，實在的與理念的元素之間的關連。無論如何，他不能回歸到單線因果論，回歸到人們談到馬克思的「相互影響」時亦無法祛除的因果解釋。這樣做毫無意義。在關閉了馬克思所打開的途徑，因果及直接衍生的途徑之後，韋伯如何解決這個問題呢？

韋伯並未提示對此問題系統性的解答。但是在其一般宗教社會學之中，有一些跡象提示到這個問題的處理。他的理論取向之基本概念散見其作品各個部分，卻未曾確實告訴我們他的指涉意涵。然而，在其系統性的宗教社會學中，我們可以從「選擇性的親近」（選擇性親和性）這個概念中發現其真實意涵。韋伯思考的脈絡並非相互因果關聯而是選擇性親近的概念——亦即在最普遍的意義下，存在與意識之間選擇性的近似。這裡不允許我們完整地處理這個課題。但可以這樣說：在其系統性宗教社會學中，韋伯做了如下的理論建構。首先，他指出社會團體及階層，探索它們的特殊利益何在。接著，在研究的第二階段，他研討隨著這些特殊利益而自然出現的是何種適當的世界

觀，何種關於世界及人類本質的一般見解，這樣便能了解小農、工人、中產階級等等之世界觀。然後，他採取最後的、第三個步驟，並探問（借用謝勒Max Scheler 1874-1928 的一種說法）這些關於世界相對而言自然的面向，在何種程度下同那些自我演進的宗教系統及哲學兼形而上學的玄思之神學建構，相一致或是相衝突，亦即研究前者怎樣有助於或妨礙到後者的出現與發展等等。

進一步說，選擇性親近的概念，亦為文學界所熟知。我們可以在哥德的作品中看到此一概念。有趣的是我們也能在早期化學元素之間吸引力及排斥力的概念中發現類似說法。韋伯用這個概念來解決上層和下層建築之間、實在和理念之間關係的問題，而此一問題，馬克思似乎以意識形態的概念予以解決。無論吾人如何看待這一韋伯式的解決，它和馬克思的解決方法有著根本的不同。我們不妨用另一種方式來說明其間的差異：馬克思體系的特徵可以說是一種登堂入室（access）的[註3]一元論的過程；韋伯基本上是一種曲折迂迴的二元論。以一個更流行的術語來說，對韋伯而言，在實在與理念的領域之間，乃是有著一種「本體性的差異」。

社會行動的問題

　　我們想要考察的第二點是關於社會變遷以及一般行動與特殊社會行動解釋的問題。對馬克思而言，正如經濟決定社會結構，它也決定在這領域中出現的變遷。經濟變遷是這樣的一些變遷（根據馬克思在他《政治經濟學批判》獻言中的著名段落），它們或慢或快地，帶動著巨大的意識形態之上層建築，並予以轉型（洪鎌德 1997e: 25-26）。當然，馬克思承認經濟結構與變遷乃是人類行動的結果這個事實。他也同樣理解另一個事實：經濟變遷本身並不能帶來社會實體的變遷，這種變遷只有透過人類行動方才可能。但是——這一點，我們相信是相對於韋伯之關鍵所在——對馬克思而言，人類行動，無論如何必要，只是一個依變項，而非一個自變項。它們只是造成變遷的機制、手段、方法而已。

　　韋伯如何看待今天較不帶價值色彩的「社會變遷」這一術語所做的解釋呢？韋伯當然理解經濟變遷的深遠意涵，如果我們只考慮特定社會中廣義的變遷之意義的話。他也和馬克思一樣明瞭：變遷當然只有透過行動——人們的行動或群眾的行動——才能達成。關鍵性的差異在於：對韋伯而言，行動並非衍生自存在。它代表著一種獨立的變項。行動不僅僅是環境及其變遷的產物；換言之，行動

有其自主的地位。再一次，這並不是說社會變遷可以單獨地從人們的行動加以解釋，或許如同有關歷史的「偉人」理論所顯示者[註]。其意義在於，韋伯視此一問題爲一種二元性的問題，一種客觀既定的經濟事實（在此即社會變遷）以及人們以完全不同的方式對其加以回應之交互關係。在此有兩類因素，我們必須同時考慮到它們相對的獨立性，並設法解釋其相互關係。

韋伯未曾給予我們關於此種交互作用如何發生之具體答案。然而，我們可以看到許多修正的提法。首先，韋伯的理論告訴我們社會變遷應被理解爲客觀環境與主觀行動間辯證的產物與結果。但這並非全部，我們還得考慮第二點，對韋伯而言，關於社會變遷的問題，有一種非凡的行動形式。我們可以看到普通、自然、正常的行動，然而我們也可以看到另一種非凡、反常、特殊的行動。對這一類型的行動，韋伯稱之爲「卡理斯瑪」（charisma）。我們常常看到，總是有一些人會以非凡的方式來作爲。韋伯的論點是：在不同的社會體系，如果有某些類似「卡理斯瑪」——也就是說，非凡的行動——那麼就可能產生歷史中基本上性質的變遷（吳庚63-69）。

不論這種非凡行動的典型是冒險家（冒險家在資本主義發展上的意義是韋伯的特殊主題之一），或者是超越傳統限制，創新法律之先知、或宗教的奠立者、或魅力的政

治領袖（這是韋伯所深入分析者）──這並無關緊要。關鍵的是這種非凡行動對我們稱之為「社會變遷」的現象所具有的意義。

為什麼會這樣？與馬克思相反，韋伯視社會體系的變遷不是正常、自然，以及理所當然的，而是反常、有爭議性的，因為在所有的社會體系中，傳統的因子都有著決定性的地位。這又產生了傳統、熟悉、重複性的行動如何被打破的問題。

韋伯將行動的決定論代之以非決定論。然而，這意味著科學並無法直接預測社會變遷是否發生、如何發生。這一點和馬克思形成對比，馬克思固然不認為科學可以告訴我們實際上人們怎樣行動，朝那個方向行動。但是，根據他的社會變遷理論，科學卻可以告訴我們這種行動必須採取何種形式才算是正確的。對韋伯而言，科學地解釋正確行動的問題是不可能的；對馬克思而言，那卻是可能的。這是他整個體系中的基本立場之一。

辯證法的問題

第三點是有關社會動力及辯證法的問題。相對於前述第二點矛盾，這裡的課題不是社會變遷的原因，而是社會變遷的規律。在英語世界中，人們將其稱之為「社會變遷

的模式」。就馬克思而言，其體系之基本特徵在於內部及外部的矛盾因素，或者是衝突所導致的各種社會因素之間的相互矛盾。事物之所以發展，乃是由於內部矛盾的爆發，事物藉由否定的作用演展為其對立面，其發展的律則不是別的，正是辯證的過程。這種辯證的過程以下列方式自我展現：首先，衝突只是潛在地呈現並隱藏於相對和諧的利益之中。接著它變成為相對立、不容調和的衝突之浮現。這種衝突形式不斷地升級，最後到達一個臨界點而衝破現狀。這就是革命的情境，此時只有藉著新社會體系的創造才能解決原先的矛盾與衝突。這種從一個社會體系向另一個社會體系的轉型，無論是否肇因於外部因素，或是以一種內部革命的形式來引發，都無關宏旨。

韋伯也見到了社會衝突這個問題對社會變遷的重要性。如果我們要加以分類，韋伯和馬克思一樣，屬於衝突論者，而不屬於和諧論者的陣營。到此為止，韋伯和馬克思想法一致。馬克思和韋伯的差別開始於各別賦予衝突這個事實的意義。首先，韋伯絕不理所當然地認為衝突本身像前面所述及的方式來發展出一套內部的辯證動力。換言之，一個社會能夠繼續存在，無論受到衝突多大的震憾，只要傳統持續發揮較大的影響力。其次，衝突可能在社會體系之內獲得解決。這至少是一種理論上的可能性。韋伯認為只有在少數的例子中才會發生那種馬克思視為正常

的，由舊社會轉向新社會體系的那種轉變。

　　顯然，這對於社會體系變遷理論的詮釋有著深遠的後果。簡單地說，我們可以將兩人的立場做成一個對比：馬克思是搞衝突辯證理論，可是韋伯卻持解決特定衝突之多種可能性的理論。此外，我們也可以說，馬克思最終的期待為建立一個無衝突、無鬥爭的和諧社會──新的社群。反之，韋伯卻認為社會本身的衝突無法根除，只要有人群的聚集、有社會的存續，便會產生不斷的衝突、永續的鬥爭。

進化的問題

　　在討論馬克思與韋伯的歧異時，一個相當棘手的問題，就是第四點涉及進化的問題。這牽涉到歷史變遷過程中，不同社會體系之間相互的關係。在此，我們探討的不是任何社會體系的內部變遷，而是社會不同的特定形態或階段之間的動態關連，這包含了進化的問題。

　　有人指出馬克思不可能是個進化論者，因為他提倡革命，而革命是突變的行為，這與漸進演變的進化不同；也有人說馬克思在原則上不會是個進化論者，因為他倡導的是衝突的辯證。這兩種否證，無論表面上多麼合理，在我們看來似乎都不正確。

進化與革命之間的對比其實並非一種二律悖反，亦即並非完全互相排斥之物。進化的過程中可能利用革命作為手段。關於第二種論點，我們認為在馬克思有關社會體系內部變遷及不同社會體系之相互辯證關聯兩者之間，必須做一個斷然的分別。我們的論點是這樣的（這和熊彼得的觀點一致）：馬克思用辯證法的原則來解釋社會的內部變遷，但在說明不同社會體系的前後關聯時，他則使用進化論的框架。這至少適用於下列構成進化理論的關鍵因素。

　　首先，每一個社會體系都在前一個社會體系中潛在地、逐漸地形成。馬克思應用了從舊社會的「子宮」孕育出新社會這個比喻。其次，每一個體系必然眼隨著前一個體系來出現，因為原先的體系不僅僅為其後繼者創造了條件，也是後者的起因。第三，在進化序列中的每一個體系是比其前一體系較為高級的一種形式，不僅僅在技術分化的程度方面，也是在絕然普遍的意義上：它代表在道德、智識、政治、經濟，及技術上發展的較高階段。馬克思確實是現代資本主義體系最尖銳的批判者。但不要忘記，沒有人曾像他一樣，對資本主義發出如此肯定的讚語，要將這肯定的因素與批判的因素分離是完全不可能。批判指涉的是——資本主義還不是社會主義，僅只包含了其潛在性——這件事實。而讚語則是宣稱資本主義乃是代表著迄今社會體系發展歷史中最高的階段。

有趣的是，我們看到韋伯偶爾也應用進化論的架構。在關於古代晚期社會結構的精彩研究中，他探索在中古時期趨於成熟之封建制度的源起。但從這一點就下結論說韋伯是個進化論者乃是錯誤的。如以衡量馬克思是進化論者的標準來加以歸類的話，韋伯不是個進化論者。事實上，他激烈反對進化論的三個關鍵性特點，特別是當它們被應用於社會範疇之際。換言之，他反對後進的社會在前一個社會中先行成形的論點；他反對發展階段必然性的論點；而且，他特別反對技術上較為分化的社會也在其他領域——政治、智識及道德上——擁有更高價值的觀點。韋伯問道，我們如何可能將現代世界評價為優於古代世界？這一點對他來說是根本不可能的。無論如何，在科學分析的基礎上是不可能的。對馬克思而言，那是可能的，因為他是個進化論者。

科學的範圍

　　現在到了最後一點，這關連到歷史兼社會發展的意義與目的，以及科學研究的範圍。「發展」這個字眼在此是完全不帶色彩、僅具形式的意義的。對馬克思而言，牽涉的問題是歷史所趨向的終極目標，以及在歷史發展過程中自身所展現的終極意義。我們知道，他相信他能夠同時解

答這兩個問題，而且不是像玄思的哲學家或烏托邦社會主義者那樣，而是憑藉著科學的權威。他相信科學能夠針對歷史的終極目標與意義之問題提出清晰且客觀有效的解答。

為何如此呢？對馬克思而言，可以確定人類歷史原本就蘊涵著內在的目的性，而且會本性地實現此一目的。重要的是馬克思發現歷史的最後階段與冠冕乃是社會主義：這就是理論對當前特殊情境之應用。在此，關鍵性的問題為馬克思並非在宣傳社會主義，而是欲使社會主義自我顯現為歷史的必然歸趨，也是歷史的終極目標（洪鎌德1997c: 261-281；1997e: 225-252；253-289）。

在這方面，馬克思有別於進化論者，後者倡言一種不斷提昇、無限的歷程。他給予歷史一個明確的終點：社會主義的特徵在於發展到極端，往後再也沒有任何事可以發生。同樣地，馬克思透過人的基本自由與異化間的鬥爭，或是支配與反支配間的鬥爭，具體地解答了歷史目的之問題。

韋伯與馬克思關鍵性的差異不在於細節而在於基本。問題不是社會主義與資本主義，或者支配與反支配間的對比，馬克思所堅持、而為韋伯徹底反對的是：究竟科學是否足以解答社會歷史的終極目標及其意義。對韋伯而言，這超出了科學的領域。當然，在此我們可以看到韋伯的社

會學及一般科學中著名的價值中立原則之濫觴（蔡錦昌 28-38）。在韋伯看來，科學並沒有資格來解答關於歷史目的及意義的問題。面對這類問題，我們只能夠臆測性地思索。在這方面，韋伯以爲馬克思與其他空想體系之間並沒什麼差別，反而呈現形式上的一致。馬克思未能憑藉科學的權威解答烏托邦社會主義者所提出的問題。對韋伯而言，空想的社會主義和所謂科學的社會主義之間的區別於此已經泯滅，而無從分辨。

比較的成果及社會學的透視

　　有關馬克思與韋伯比較之主流意見，是認爲兩人之間儘管有著細節上的差異，卻無原則上的區別。但在我們看來，情況正好相反，而應扭轉過來。除了提出問題的方式類似之外，可以正確地說：在許多重要細節方面，兩人英雄所見皆同；但在有關我們在社會科學中必須面對的關鍵性方法論的立場之上，兩者卻有著根本的差別。特別是兩人所採取的「理念類型」有相當大的差距。馬克思似重必然性，韋伯則強調可能性；馬克思涉及整（總）體性，韋伯注重單面性；馬克思確認辯證性，韋伯則效法康德強調規約性（陳介玄 1989b: 141-152）。

　　在這篇短文中，麥爾只是提出問題，而不想批判分析

或追問馬克思或韋伯誰才是對的。他質疑人們一定得決定比較喜歡誰嗎？也許有人，例如彼得‧貝爾格（Peter Berger），想嚐試結合馬克思和韋伯的宗教社會學，但我們以爲他的工作雖然頗富挑戰性，最後卻不可能完成。此外，是否還有解除荊棘的第三種方法？馬克思和韋伯批判性比較研究的問題已超出了這些範圍。因之，麥爾想做的只是爲此類批判分析提供一個基礎，然後也想提出兩點負面的觀察，來說明吾人面對問題時應留意之處。

在1970年代裡，馬克思主義者常常說，不論韋伯可能表達那些意見、立場，基本上韋伯誤解了馬克思。他們認爲韋伯所分析、批判的是庸俗的馬克思主義；或者說，韋伯的批判涉及的是「庸俗的」，而非「真正的」馬克思。在韋伯過世，而馬克思早期作品越來越容易接觸得到，特別是著名的《經濟學哲學手稿》（巴黎手稿）問世以後，這種意見更加普遍。他們說只有對這份手稿的詮釋才能提供我們對馬克思真正的瞭解，然而韋伯以及許多來自馬克思主義陣營（包括考茨基、普列漢諾夫、拉布里歐拉等等）的詮釋都只涉及到庸俗的馬克思主義，而不能代表真正的馬克思註5。

關於這一點，有兩件有趣的事值得我們注意：首先，無疑地，馬克思早期作品的重新發現給予馬克思研究新的刺激。然而，問題在於，這個刺激能否讓我們找到理解馬

克思的鑰匙。1932年時，馬克思早期作品的編纂者李雅查諾夫（David Riazanov）和阿朵拉次基（V. Adoratski）表示了期望說：終於吾人可能像馬克思理解他自己般地理解馬克思，那麼如今針對後期馬克思之種種毫無結果的爭論便可以告一段落。

審視有關這方面的文獻，我們必須遺憾地承認這些期望並未能實現。首先，關於青年馬克思的詮釋，有著鉅大的分歧。想想看那些將青年馬克思理解為僅僅是黑格爾之逆轉的詮釋，或者像馬孤哲（Herbert Marcuse 1898-1979）所為，試圖將青年馬克思引領到現象學領域附近。事實上，迄今關於馬克思早期作品的正確詮釋，意見並非一致。而早期與晚期馬克思之間關係方面，看法甚至更為分歧。在很大程度上，只有後期的馬克思才是韋伯從事研究的根據。

相對於認為馬克思一生作品中呈現著統一性，而其早期作品乃是理解後期之線索的看法，阿圖舍（Louis Althusser 1918-1990）持反對的觀點。他以為青年馬克思和壯年馬克思之間有著基本上的矛盾，這是導源於馬克思認識論的斷裂。壯年馬克思並非青年馬克思之持續、發展與完成，而是全然地予以超越。根據阿圖舍的觀點，或許可以用現代結構主義來詮釋馬克思。必須交待的是關於在多大的程度上，這些討論、這些馬克思研究的新領域曾影

響了韋伯對馬克思的理解？我們可以從三方面來討論這個問題。首先，我們以為早期和晚期馬克思之間是有著內在的延續性。我們也認為有一個基本的課題，就像任何作品的主軸一般，一直貫穿著馬克思所有的分析：人類無法避免的異化是如何發生，如何可能重新予以克服？這是長久以來西方哲人諸多討論涉及異化問題的根本。

其次，毫無疑問，韋伯未曾得見馬克思科學理論的這個層面——至少是看得不夠充分。這一點也不奇怪，因為當時還看不到那些重要的作品，而且少量關於資本主義社會商品拜物性格的評論在處理這個問題時並不充分，也不夠清楚。但因此就可以說（就像那些指控韋伯誤解庸俗馬克思主義的人常常所做的），韋伯關於馬克思的方法論之基本原則所明示或暗示的見解是謬誤的嗎？韋伯的見解需要支持，需要哲學人類學的支持，這正如在馬克思本身所思、所言需要倚靠、需要根源一樣。韋伯對馬克思方法論上的基本理解應屬大體正確。

第三，馬克思主義的擁護者對韋伯的進一步批判和反對剛好走錯了方向。他們並不宣稱韋伯誤解了馬克思。他們反而訴諸所謂的傳統意義上的「知識社會學」，也就是理念的社會學，包括那些在科學中發現其理論展示的理念。他們尋找證據來說明韋伯的觀點絲毫不代表任何學術，用馬克思主義的術語來說，反而是一種「意識形

態」。有可能韋伯的作品代表著其資產階級侷限性之極端複雜的表述嗎（正如我們所知，他把自己描繪爲資產階級者）？他是否僅僅表述了現代中產階級市民的典型愚鈍，只是由於後者無法領會眞理？在此，麥爾顯然反對馬克思主義者隨便把一頂意識形態的帽子拋給韋伯，因之他表示願意提出兩點知識社會學必須面對的問題來供大家討論。首先，我們可能根據一件學術作品的社會根源而得到其客觀有效性的結論嗎？第二點，什麼才是學術足以成爲學術、學術研究成爲可能的社會環境？

結　論

上述兩點是麥爾相信在檢視反對韋伯時必須提出的問題。韋伯自己建構了相反的命題，認爲社會根源與科學研究之有效性完全是兩碼事。關於此，麥爾認爲吾人確信什麼是使學術成爲可能之社會環境此一問題，這方面的需要顯然不同於馬克思主義者所提供的解答。

「馬克思與韋伯」，或稱是「馬克思或是韋伯？」的問題依舊存在。在回答這一問題時應根據他們具體的作品而後定。但有兩方面的問題。第一，對周遭的社會現實做出詮釋與描繪乃是一般社會科學，特別是社會學的任務。顯然，問題在於：究竟是馬克思還是韋伯誰給了我們對社會

現象之描述與理解上較佳的線索？當然，在描述社會現象的部分，我們從馬克思處所習得的極為有限。描述乃是社會現象學範圍裡熟悉的事物。而在此一領域，韋伯提供給我們許多的材料。至於有關各個界域或層面（社會實在的起源、性質或結果）之詮釋問題，我們還得追問的是：如果我們想要掌握周遭的社會實在，無論是它的歷史起源或當下的現況，究竟是韋伯抑或馬克思的範疇對我們較有幫助？對於那些現代世界，尤其是現代資本主義之起源，誰提供了我們較佳的訊息？對那些直接影響到我們的社會問題，例如資本主義與社會主義體系，誰做出了較佳的詮釋？我們相信這是必須提出來的問題，而其解答端賴於我們同馬克思或韋伯持有何種的關連。

最後，必須提出一個方法論上的問題，或者用韋伯的說法，一個牽涉到方法論作為科學理論的問題。什麼是科學得以建立的哲學兼知識論原則？對馬克思而言，無疑地，這些原則完全是由黑格爾所建構。儘管馬克思終身有多少變化，在方法學上，他始終是一位黑格爾派人物。從上面的分析，麥爾認為人們很容易就可以根據馬克思的進化觀和辯證法證明這一點。另一方面，韋伯則是個康德主義者。韋伯相信欲解決社會科學之基本哲學兼知識論問題，只有根據康德的知識論，也就是他的知識批判。康德問道：科學如何成為可能？指涉的是自然科學。韋伯同樣

追問：科學如何成為可能？指涉的則是社會科學。透過提示科學之可能性與其侷限，兩人都正面地回答了問題。在這一層面上的基本問題為：馬克思對比於韋伯，乃是黑格爾對比於康德的問題。

註　釋

1. 選擇性的親近又譯為選擇性親和性，係指某一階級（層）的成員，對某種事體的觀念，採用選擇性與親近性的看法，俾解決思想與存有、意識與實存之間的問題，也避免陷於唯心與唯物的窠臼。這是研究者在認知過程中，相對於客觀的因果範疇，在主觀的範疇上之設計，旨在主觀認知下，研究者對於價值關係與社會意義，下達不同程度的主觀判斷，見瞿本瑞 1989a：85-103。
2. 把抽象、變動不居之事象，當成具體的、固定的、實體的事物來看待。
3. 對問題的切入，亦即進入問題的核心之方式。
4. 歷史或社會變遷是由偉人偶然推動的。
5. 關於正統馬克思主義或是西方馬克思主義（批評庸俗的馬克思主義，而邅自返回馬克思的黑格爾傳統）之分辨，可參考洪鎌德 1997c: 395-408。

第五章　馬克思與韋伯——資本主義的分析與方法論的強調

韋伯與馬克思的立場並非針鋒相對

　　無論是對資本主義的抨擊，還是在歷史脈絡中對社會現象之間的相互關連進行分析，韋伯的研究方式並非與馬克思針鋒相對，格格不入。剛好相反，這兩位橫跨1820至1920年，恰好滿一百年的德國社會理論家，在實質的研究對象與形式的研究方法兩椿事體上，卻有上下承續，彼此觀照，而形成一脈相傳的研究精神。

　　在當代對馬克思與韋伯的闡釋中，一般的看法是認為在基本的方法論和理論立場上，韋伯並沒有存心要徹底駁斥馬克思的學說，而在研究的對象方面，兩人都企圖要理解現代世界的結構，其發展和其結果。熊彼得（Joseph A. Schumpeter 1883-1950）因而還指出，韋伯有關事實與論證的全部可以與馬克思的體系完全契合。李希特海姆（Georg Lichtheim 1912-1973）甚至說韋伯的作品可以輕易地用馬克思體系的術語來翻譯轉述。麥爾（Carl Mayer ）在引述前人的觀點之後，更以意識形態、社會行動、辯證法、演化論與科學的範圍諸問題來指出韋伯與馬克思關懷重點之相似與相異處（Mayer 1975：701-719；洪鎌德、邱思慎 1995: 65-80；本書第四章）。

　　瓦格涅（Helmut R. Wagner）在讚賞麥爾把韋伯的觀點看成為馬克思學說的理論承續之外，認為在比較韋伯同

馬克思之異同時，應該還要增添兩點：其一為兩人對西方社會，特別是處在資本主義時代的西方社會宏觀社會學與歷史分析之基本目標和中心問題之提出；其二，西方社會歷史的、經濟的、社會的意識形態各面向真實描述與具體分析，然後再比較兩位理論大師的貢獻（Wagner 720-728）。

為了闡述馬克思的理念怎樣由韋伯來繼續發揮，本章取材費拉洛悌（Franco Ferrarotti）的一篇文章加以闡述，另外佐以畢恩邦（Norman Birnbaum）與孟森（Wolfgang Mommsen）等的作品，目的在討論韋伯有沒有偏離馬克思（Ferrarotti 1985; Mommsen 1985; Birnbaum 1991）。

事實上費氏強調韋伯對社會現象「相互的關連」（interconnections）之分析，同馬克思對社會現象內在關係（internal relationships）的剖述，有異曲同工之妙。歐爾曼（Bertell Ollman）有關馬克思異化觀的詮釋，完全建立在青年馬克思社會現象辯證性的內在關係之闡發基礎上，這便是對費氏說法之補充與佐證（Ollman 1971）。

韋伯在1904年與1905年間的《社會科學與社會政策彙編》學刊上發表了震撼學界的大作＜新教倫理和資本主義精神＞之後，他的聲譽日起，一躍而成為國際知名的學者。但這篇長文卻被誤解為對馬克思本人學說的批判，以及對馬克思主義的抨擊，以致韋伯變成了「馬克思最重大

的理論反對者」，衡量他的社會學著作，也使他變成了「布爾喬亞的馬克思」（Mommsen 1985: 234-235）。

　　不錯，在這篇著作中，韋伯採取了與馬克思迥然相反的方式來討論資本主義的興起和運作，其方式大異於馬克思以歷史唯物論的物質主義之觀點來分析與批判資本主義。不過，韋伯卻強調他切入的方法並非片面的唯心主義的途徑，而是以一種啓發新知（heuristic）的手段，在宏觀的社會學層次上來提出資本主義發展史中的假設。因之，他無意藉此文的發表來拒斥馬克思主義，只是要藉理念類型[註1]的建構，在理論與學術的層面上，檢驗馬克思理念的正確與否。他明顯地反對馬克思把歷史看作一個整體、一個總體。因之，馬克思的史觀在韋伯的心目中也是另一種的理念類型。事實上韋伯所努力的不過是探討現代性（姜新立 232-240），爲西方理性主義尋根探源，目的在理解當代組織生活的官僚化。取代簡單地把馬克思駁倒和把他的理論與政治努力拆穿，韋伯倒是想要檢討馬克思所提起的問題。儘管努力嘗試要保留他對理念衝擊的重視，但韋伯最終還得承認物質因素的重要性。

　　韋伯顯然懂得分辨馬克思原始的想法和後者的徒子徒孫（亦即庸俗馬克思主義者）對馬克思和恩格斯著作的解釋之分別，他譴責庸俗馬克思主義是一種哲學上貧乏，機械性、非辯證的教條式訓諭（catechism）。韋伯排斥這種

「幼稚的歷史唯物論」，蓋這種唯物論把資本主義的精神與風範之起源，當做「經濟情況」的上層建築，或是當做經濟基礎的反映來看待（Weber 1958a: 55, 183, 277）。

根據當代德國研究韋伯思想的權威孟森（Wolfgang J. Mommsen）底說法，韋伯雖出身資產階級，但其自稱為知識份子，不受經濟階級的成份之影響，而力主自由主義的觀點，堅持個人對自己行動之負責。在韋伯早年的學術生涯當中，很少注意到馬克思與恩格斯的原著，一直要到1906年之後，他才提及庸俗馬克思主義者的作品。就在這段時間裡，他主要的是以方法論來迎擊馬克思與馬克思主義。韋伯多次，也是嚴厲地批評「歷史唯物論」。亦即，他根本上就反對歷史哲學以物質主義來解釋歷史，他批評這種企圖在歷史變遷中尋找發展的規律和企圖發現歷史內在意義之想法為「膨風不實」（charlatanism）。他認為馬克思歷史唯物論強調生產方式的演變與階級鬥爭的推力為歷史進化之驅力底說法，欠缺科學的基礎（Mommsen 1985: 294-296）。

在〈社會科學與社會政策認知之客觀性〉（1904）一文中，韋伯曾對唯物史觀有相當尖銳的批評，他說：

依據共產黨宣言古舊而具有創意、但卻素樸的含意所宣稱的，所謂的「唯物史觀」至今大概只能控制外行

人及淺薄者的頭腦。對他們而言總呈現一種特殊的現象，假使不用經濟原因來解釋〔事象〕的話，那麼歷史的現象就無法達成解釋的滿足。就算勉強能夠找到一絲假設或是空泛的言詞，他們也就志滿意得，這是因為把經濟當成「驅動力」，當成唯一「真實」、和「最終起作用」的說詞，滿足了他們教條需求的緣故。這一現象絕非單一的、孤立的，幾乎在所有科學的各部門，從語言學到生物學，他們自視為專門學問的生產者，而同時卻是「世界觀」的生產者。在經濟變革，特別是「勞動者問題」強烈的文化意義底觀感下，這種無法剷除而又不知自我批評的一元論思考的趨勢卻很自然地到處流行（Weber 1968c: 167; 吳庚 124-125）。

如果我們以批判的眼光來加以審視，那麼馬克思和韋伯的立場並非針鋒相對、毫無妥協轉寰的餘地。事實上，韋伯的考察對關於資本主義發展的社會學有極大貢獻，原因是他所研讀的為資本主義經濟的、政治的、法律的、文化的和社會的諸因素。這些面向彼此之間的聯繫是辯證的互動。這點與馬克思以總體的眼光來看待社會各個成份之間的關連有相同之處，唯一的不同是馬克思強調經濟因素的主導作用，亦即生產活動所起的決定性影響。要之，韋伯反對單獨原因（monocausality）的看法，他對原因的看

法是受著各種因素彼此的辯證關係和它們所處的歷史脈絡所制約的[12]。

馬克思與韋伯論意識形態

馬克思在晚年否認他自己是一位馬克思主義者（洪鎌德 1997c: 387），主要的是不同意他的徒子徒孫把他的學說組織化、體系化、機械化，特別是不贊成把他的唯物史觀當做是經濟決定論。他所以不是一個經濟決定論者，乃是因為他反對把經濟動機當成是個人社會行動決定性的動機之故。不過，終馬克思一生，他對人的動機從不清楚明白地論述，這是造成他的唯物史觀招致誤解的因由之一。

馬克思的唯物史觀中之物質（唯物）主義主要是反對黑格爾以心靈、精神、唯心來解釋歷史變遷。因之，主張心靈、精神是附帶的次要的因素，是從人類的生產、經濟活動的主要因素衍生出來的。每個社會總有一組的經濟制度，也就是社會關係的體系之存在。這種社會關係將該社會的生產技術組織起來，也是技術的複雜性和效率變化的規範與反映。個人在經濟體系中的角色決定了他在地位、權力體系中的角色。社會中廣大的階層，由於經濟情況相似形成群體。上述社會地位與社群結合構成階級與階級的分化。由是說明經濟制度（體系）變成一個社會組織關鍵

性的要素。既然經濟制度就是一個社會的物質要素，於是社會型態的不同，亦即在歷史過程上社會的變遷，都是由物質因素促成的。這是唯物史觀扼要的陳述（洪鎌德1997c: 265-277）。

在唯物史觀中馬克思對人活動的動機和行為之說明，便包含了兩個組成部份：第一，強調外力、壓迫、甚至欺騙對個人的行為之驅使；其二，社會成員相信一套價值體系，而甘心情願去扮演他在社會上的角色。前者涉及強制（coercion）、後者涉及同意（consensus）。亦即社會秩序能夠維持不墜、以及個人可以繼續生活的動機，不外乎強迫與同意（Birnbaum 1991: 8-9）。

一個人在社會上擁有地位，因而也連帶擁有一定的階級立場、階級利益、人生觀、世界觀。個人行事的動機直接受到階級立場與利益的影響少，而受到意識形態的影響大。馬克思視意識形態為包括信仰、價值與世界觀在內的體系。意識形態固然是由不同的階級反映與階級利益的「反射」（reflection），但宰制和統治階級卻把其意識形態強加在被宰制、被統治的階級之上。恩格斯進一步還指出意識形態為錯誤的意識，亦即把不正確的意識當成思想史的產品，而不當成是由於生產體系產生的結果，

馬克思雖然承認共同價值和意識形態對社會秩序的維持產生作用，但他卻不曾解釋何以階級的地位必然產生意

識形態。換言之，他把意識形態當做是社會或歷史變遷自動的和機械的發展所衍生出來的事物。他這個疏失便由韋伯設法來彌補。換言之，韋伯設法闡釋共同價值如何產生？其產生的機制如何？這種機制怎樣變成個人行動的動機？況且馬克思所言階級地位決定了意識形態，一旦階級關係改變，意識形態也跟著改變，但這又牽連到時間因素，也就是歷史過程。因之韋伯進一步質問歷史過程應該有其範圍與界限，馬克思與恩格斯歷史過程的界限在哪裡？他們如何來界定這種界限呢？

　　為此韋伯提出有關權威的類型說（卡理斯瑪、合理兼合法、傳統的三類權威型態），其目的不只在為政治、政府、國家找出正當性的基礎，也是在指出社會的存續有賴人民對共同價值的接受（洪鎌德 1997b：215-217；吳庚 55-80）。換言之，建立在同意基礎之上的正當性是社會秩序可以維持的主因。儘管他提出權威類型說，但他並非因此視社會為價值所構成。正如他在〈新教倫理〉一論文中最終所述：無意以唯心來取代唯物的一偏之見，來解釋歷史。他同樣不認為經濟制度是社會現象唯一的解釋因素。例如威望、生活型態的不同，也像財富分配之不同般，造成社會的分層化、歧異化[3]。他當然知道階級地位對價值和意識形態的影響，但宗教的觀點，特別是特權份子、統治階級的宗教更加強其地位與優勢的信心，而對現世加以

肯定。反之，受壓迫者與被統治者不只對現存秩序不滿，
更會相信改變現世，或期待來世的拯救是他們宗教信仰的
內涵。

　　韋伯比馬克思更明白地把宗教當成爲階級的意識形
態。他認爲宗教在滿足人們對生命情境圓滿解釋的需求。
宗教體系及其附帶的價值在滿足個人心理的需要。他不認
爲理念只是階級立場和利益的反射。反之，理念常是社會
行動與制度的影響因素。換言之，韋伯賦予理念、或意識
形態獨立變項的地位，這點是與馬克思大異其趣（比較本
書第四章）。

馬克思與韋伯論資本主義的崛起

　　儘管馬克思必然同意韋伯視資本主義新社會的文化價
值爲對合理性、合理化（rationality）的強調。不過馬克思
在處理英國資本主義的崛起時，卻把合理性當做爲社會發
展的結果，而與韋伯視爲資本主義社會生成的原因不同。
馬克思把資本主義的興起看作爲強制性與外面壓力所引
起，他曾經這樣地描述資本原始累積的情況：

　　　　教會財產的竊佔、國家轄地欺騙性的割讓、殖民農
　　地之掠奪、封建財產和宗族財產的竊據，甚至在不擇手

段的恐怖主義情況下將這些公產轉變爲私產，都可以說
是原始累積的動人方式（*Capital* I: 805；*C* I: 685）。

當然韋伯也知道，暴力的使用是造成資本累積的手
段，只是單靠暴力卻是不夠的。馬克思認爲資本主義爲封
建主義的產品。封建領主奢侈豪華的生活方式只強調消費
而不講究生產，加上窮兵黷武耗盡國庫，造成他們權勢的
沒落。在中世紀後期，貨幣的引用使地主把其慾望指向商
品的購用之上。隨後英國綿毛價值的暴漲，造成貨幣使用
的頻繁，欠缺貨幣的封建領主逐圈地來豢養大量的羊群，
也使本來從事農耕的農奴與移民被迫離開田園湧入城市。
其結果是原來爲地主與農奴之關係，變成了純粹以金錢爲
基軸的雇傭關係。

農民由農地趕出，遂成爲失根的飄萍，成爲沒有土地
的普勞成員，他們不再爲直接的消費而進行生產，而是爲
商品市場而生產。在城市中新的階級崛起，這些就是參加
行會的工匠、師傅、技藝之徒，和小市民（petty
burgers），以及普勞階級中之一小部份。他們利用這種變
動的情勢鳩集有限的本錢，從事小本經營的生意。他們就
是工業化初期的小型企業家。這也就是馬克思所言17世紀
新興階級，亦即推動英國革命以對抗舊的商業階級與有產
階級的新興勢力。

至於這批新興階級何以能夠戰勝舊的重商與資產階級，馬克思並未加以說明，他也沒有解釋新興資產階級爲何與傳統經濟行爲決裂，以及新興階級與普勞階級的價值觀、心理因素等等之變化。他只提及工人遵守秩序的問題，亦即「資本主義生產的降臨發展出一個勞動階級，這個靠教育、傳統和慣習而產生的勞動階級，其發展是如同自明之理的自然律，而建立在生產方式的條件之上」（*Capital* I: 809; *C* I: 689）。

　　顯然馬克思對資本主義的產生，以及普勞階級在資本主義的運作中所扮演的重大角色，是視爲生產方式變化之結果。他對勞工的價值與心理因素，只簡單用「教育、傳統與慣習」來加以一筆帶過。這種把經濟生活的合理化，只解釋爲「資本主義發展內在律」之運用，未免嫌太簡單。

　　韋伯的看法就不一樣，他知道社會科學的可貴之處，在於透過歷史的資料進行比較研究。因之，同是資本主義的課題，他便比較古代羅馬、中古北義大利和近代荷、英等地，也比較了基督教不同流派（天主教、誓反教、喀爾文教、大英國教）分佈地區之資本主義的發展，更探究古中國與印度未出現資本主義之因由。

　　由於他不受歷史進步的觀念所束縛，因之，不把同代印度與中國資本主義的不發達看作是「被阻卻發展」

（arrested）、或「初期資本主義」（preliminary capitalism）來看待。研究印度與中國更增強韋伯對宗教會促成阻擋資本主義之產生與發展之看法，譬如說印度喀斯特（階級）制度，禁止個人職業的更換，與西方近代打破行會的壟斷剛好相反。由是可知宗教信仰對經濟制度所產生的衝擊。依據韋伯的說詞，猶太教傳承給基督教有關禁止壟斷與巫術的濫用，就是造成西方人崇尚理性的源泉，是故去魔術化成為理性的經濟技術浮現的先決條件。但宗教理念也常為宗教帶來未曾預期的結果，例如宗教改革的世俗化、日常化，其後導致人們對宗教本質的懷疑，最終放棄了宗教的信仰，便是一例。不管如何韋伯說：

> 我們自然不是關懷當代倫理教義中理論上與官方上所教誨的種種切切....我們所覺興趣之物剛好相反：我們所覺得盎然有趣的是發源於宗教信念和宗教實踐的那些心理上的獎懲之影響。這些心理影響對個人實際的行動有所指引，也是使個人始終奉行不渝之行為導向（Weber 1958a: 97）。

韋伯指出中世紀天主教會規定教友必須時時告解懺悔，是以個人對人生的意義完全由日常瑣碎行事與禮拜日的告解中略窺一二。除了僧侶有時間去思索人生，一般常

人、俗人的赦免，完全靠教會這種跡近施放魔術的告解行動。是故有路德的反彈與宗教改革。他堅持每個人的信仰是教友與上帝之間的對話，不需教會或僧侶的介入。他引入了「召喚」（*Berufung*; calling）的觀念，認爲每個人（不限於僧侶）都會受到上天的召喚去認眞工作與禮拜上帝。

喀爾文引伸路德召喚的意義，認爲上帝是超驗的存在，並不活在塵世之上，人是否被召喚變成上帝的選民，不是任何一位教友死前就會知道的。人既然不知自己是否獲得上天的恩寵得以拯救，則只有在有生之年，於現世中拼命工作，勤奮工作是對上帝光榮的禮敬。一個人如何才能成爲上帝的選民，那就是要去掉人的自然性、動物性，而對自己的生涯有理性的規劃。人在現世可以累積財富，但不得將財富濫用於歡樂之上。既然人可以擁有財富，但又必須清心寡慾，則財富的不立即消耗便可以再投資，由是資本累積愈來愈雄厚。清教徒這種相信個人成功的事業、勤奮的工作和清心寡慾，是他們被上帝選擇與獲得拯救之途，這也就形成他們爲一群堅強而富理智的中產階級之成員。新教中產階級的驕傲，產自他們獨立不屈的奮鬥意志，不容許外物干擾個人在現世的命運，不屈服於世俗的權威，只堅持內心孤獨的信仰之純眞。這種階級的驕傲也帶來清教徒的獨立自主與行事的斬釘截鐵幾近殘酷的性

格。清教徒反對感性，也反對自動自發、隨興所至而流露出來人的本性。在政治上，清教徒反對專制和威權政府（高承恕 1988: 61-70）。

要之，韋伯有關資本主義的制度之說法，是不認爲這些典章制度機械性地從封建主義演展出來。反之，這些典章制度出現之前，社會有其特殊的價值、特別的心態的要求，其目的在使資本主義發展的潛力得以發揮。16與17世紀英國的社會史和清教徒的經濟角色剛好提供給韋伯發展理論的根據，使他相信宗教理念在歷史發展上所引發的作用。清教徒在英荷的表現，以及路德教與天主教在德國的保守作爲，成爲一大對照（姜新立 1997: 212-216）。

韋伯在涉及喀爾文教時，提出兩點的看法：其一，喀爾文教徒的價值觀便利了資本家的活動，提供清教徒追求利潤、財富的意識形態；其二，清教徒在擁有這種價值觀之後，將其人格變成中規中矩，幾近冷酷無情的企業經營者。就是清教徒內心的這種絕情無義與堅強信仰，使他們揮別傳統，告別權威，不受教會與國家的羈束。宗教觀念的內在發展以及清教徒性格的堅忍強悍，是經濟活動的先決條件，也是造成中世紀社會體系崩潰與革新的動力（Weber 1958a: 108-128）。韋伯把意識形態和心裡的變項插入於歷史的分析中，使馬克思視爲當然的社會現象有了更細緻、更深刻的解析，這是韋伯補足馬克思粗枝大葉的地

方（Birnbaum 1991: 7-17）。

韋伯論資本主義的合理性

　　韋伯如同馬克思一樣深受德國社會思想中的歷史主義、或稱歷史趨勢主義（historicism）之影響，另一方面他也努力要擺脫歷史主義，視歷史爲人類活動的過程。他們兩人都特別關心19與20世紀德國現代史的變遷。造成兩個世紀來德國歷史變遷最劇烈者無過於工業資本主義的出現，它爲德國社會帶來強大的震撼與解體作用。作爲合理性、合法性與傳統性混合的德國社會，在資本主義的狂風驟雨衝擊下，不但家庭結構、政治權威、人格組織和文化現象都處處受到影響，連同科學與藝術也產生變化。由是可知資本主義不只是一個有限的經濟體系，而幾乎是造成整個社會都跟著起變化的生活方式。

　　韋伯如同馬克思一樣對資本主義的產生、發展和結果均抱持熱烈探討的興趣，因爲這個歷史新現象是獨特的，其影響面不限於歐洲，甚至擴大到全球。此一經濟現象之特徵爲生產工具爲少數人所把持，而眾多的勞工卻在所謂勞動市場出賣他們的勞力。表面上出賣勞力的方式是自由的，實質上勞動力買主與賣主完全處於不平等的地位，而其間買賣競爭的激烈與慘烈也是空前的。生產效率成爲新

的社會價值，它是以理性、創意為美名，對人力做無情的壓榨與剝削。在資本主義崛起的時代經濟行為以利益為取向，只要能夠賺取與擴大利潤，什麼手段皆可使用，皆可被合理化、正當化（Brinbaum 45-46；姜新立 207-210）。

韋伯如同馬克思都認為資本主義所帶來的社會與從前舊社會完全不同。舊社會中人的經濟行為完全拘束於一個領域，必須遵守各行各業的規矩，不得隨便改變職業。因之，主宰個人的行為之手段與目標都有一定的標準。這些標準（即為規範）是神聖而不可侵犯。是故傳統主義主宰舊社會（封建社會）人的舉止行為。反之，在工業社會中，理性取代傳統的規範成為人們行為的準則（高承恕 41-42, 53, 133ff.）。理性便在衡量手段目標之間，如何以最小的代價獲得最（較）大的效果。工業社會不限制一個人從出生至死亡只固守一個行業，也不限制人們追求利潤的極限，是故一個人只要有利可圖，可以跨行跨業，進行各種各樣的經濟活動。

因之，合理性是對經濟手段不斷的批評，不斷的修正，不斷的選擇，而非把經濟手段神聖化。韋伯與馬克思同認為合理性原則就如同中世紀對行業的阻止、禁絕、規定一樣，都是隨意的、人造的、受歷史與社會環境制約的，而非自然的、神聖的、普遍的效準。

由於合理化原則的廣泛應用，不只在經濟生活，也在

社會與政治生活成爲現代人的行動之指針，從而可說合理化塑造了現代人的精神、心靈和文化，構成了文化或時代精神（ethos）。由是國家也逐漸從傳統的束縛轉變爲合理而又合法（rational-legal）。這種合理而又合法的現代國家的出現，在韋伯看來，便是西方所以產生資本主義的原因（黃瑞祺 1996: 191-192）。

要之，韋伯如同馬克思一樣，認爲資本主義社會的文化特質—講究合理性、競爭性、技術效率等，特別是對經濟目標的追求，乃是對價值標準的追求，既然價值標準是人設定的，因之，它包含有隨意、任意的色彩，也是敵對利益之追求，同時也是一種任意、隨意的表現。這是對傳統社會利益的固定（包括固定的分配）之告別，資本主義遂可視爲對傳統生活方式之決裂，也是對傳統的世界觀、人生觀的決裂。其原因是資本主義是以技術效率的最大化爲其核心。如此一來，過去舊社會的神祕、魔術、無知、神明一一被打破。這也就是韋伯所強調的「去魔術化」、「去魅力化」（*Entzauberung*; disenchant-ment），而揭開世界神祕的面紗，讓現實呈露在世人之眼前（陳介玄 1989b: 142）。

馬克思與韋伯同意，資本主義的企業階級不是從封建社會的財主或商業巨賈演變而來，卻是由一群冒險犯難開創新事業的工業家迅速地演變而成，亦即由工匠、行業師

傅、支領薪資的勞工轉變成小資本家，再進一步變成大資本家。

韋伯同意這種看法，認為資本家階級為新興階級，由小布爾喬亞與中產階級打破行會規矩與國家的壟斷而崛起，在英國（有異於義大利）他們並不與商人或銀行家結合，而成為理性與利潤追求的活動者之顯例。

有異於馬克思的看法，韋伯並不認為資本家特別貪婪，只會一味追求利潤。把盲目追求利潤的狂熱視為資本主義的精神是不對的。資本主義的秩序之先決條件為現代的理性的企業之崛起，也是對資本的精確計算和理性地追求利潤。這些先決條件之基礎為形式上「自由的」勞工組織（自由的雇傭與解聘勞工），家庭組織與企業的分開，以及合理的會計制度。

儘管科技的更新迅速，但工業資本主義的興起，主要的是同自由勞動的合理組織關連密切。這個勞工的自由組織之條件，曾經在世上某些地方出現過，但其完整的改善形式卻只有出現在西方世界。這是由於西方建立了「法律與行政合理的結構」之緣故。韋伯遂解釋：「現代合理的資本主義不但需要生產的技術手段，也需要可以計算的法律體系和行政組織來制衡和執行形式的法條」（Weber 1958a：25）。

為何這種的法律與行政產生在西方？是什麼條件促成

這類制度的產生呢？對此機械性的馬克思主義者之解釋爲西方的制度特質正反映其主要的、宰制性的經濟利益，亦即西方的法律與行政源之於其社會之經濟利益。這種說詞未免太簡化，也非適當的回答問題的方式，韋伯的答案大異其趣。他說：

> 在其他的因素之下，資本主義的利益毫無疑問得力於一群受到合理法律訓練的法律專家協助。他們把法律與行政建立主導性的社會制度，儘管法律專家的貢獻並非唯一的，也非最重要的因素。這些利益本身並不創造法律。有相當的因素對法律的發展產生作用。可是在中國和印度何以資本主義的利益不起作用呢？爲什麼在那裡〔中國與印度〕科學的、藝術的、政治的和經濟的發展不走上合理化之途，一如西方之所爲呢（*ibid.*,25）？

　　韋伯刻意展示一項有意義的關連，亦即在倫理與宗教體系的訓誡與資本主義的形式體制下經濟行爲之間，存有相似之處，這就是他在方法論上所強調的「選擇性的親近」（*Wahlverwandschaft*；elective affinity）。特別是他企圖尋找「在調查最重要的宗教與經濟生活之關係，俾發現同西方發展可資比較之處」（*ibid.*,27）。從上面他的自白，可知韋伯並不是設定一個超驗的、唯心主義的經濟倫理當做片面

的經濟行為的因果架構來處理；反之，卻是強調互動的關係，這關係中同時是原因與結果，它們在實際的歷史中，把倫理與經濟、結構與行動者、宗教與實際的利益結合在一起。

有異於當代新馬克思主義者對他的批評，韋伯並不大力讚賞資本主義，特別是他不欣賞那種在社會各界中合理化達到最高程度的資本主義體系。進一步的分析便可以發現市場經濟的純粹的合理化並非可欲之物，更不是韋伯所企求偏好的資本主義之形式。他在《經濟與社會》一巨作中，為這種純粹理性最大化的資本主義作出勾勒。要達到理性的最大化必須要有下列幾項條件的出現（Weber 1978：151）：

1.「在市場上獨立自主的群體之經常拼搏、鬥爭」；

2. 在市場無限制的競爭條件下，貨物價格合理的計算；

3.「形式上的自由勞動」（工作的推展是以自由訂定勞動薪資之契約為基礎，而非固定的報酬）；

4.「工人被剝奪了生產資料」；

5. 生產資料為私人所擁有（私產制）。

在韋伯所處的時代，這些條件的大部分已無法滿足先進的資本主義之需求。因之，資本主義的純粹形式只是韋伯的理念類型之一。現實的資本主義之發展，則難免與純粹合理化的資本主義之理念類型有所差距，這種差距表現在國家勢力的介入，亦即透過法律與政治途徑干預到民間的經濟活動。

韋伯固然強調資本主義形式上的合理性，卻抨擊其實質上的不合理，他無意把資本主義提昇到本體論上的地位，然後把它當成意識形態來加以護衛與正當化。剛好相反，以方法論的剖析，韋伯分辨了資本主義形式的合理性與實質的不合理，例如「把工人屈服於企業家的控制之下」，這是實質的不合理（*ibid.*,84,138）。

韋伯進一步認為，如果資本家一意要貫徹本質的原則（亦即讓不合理的作法繼續發揮作用），而不考慮形式與實質的分家，則經濟體系的效率和生產力會受損。但要找出一個取代資本主義的其他經濟體制卻非常不易，韋伯認為其他取代體制所要付出的成本，包括文明的和科技的退步，都是更慘重的代價。要之，韋伯對資本主義雖非讚賞卻也無奈地接受，這是由於他的立場中仍有教條的跡象。這種立場根源於他對競爭的適度信任，他認為在市場上競爭群體的鬥爭，以及在政壇上社會群體（政黨）的鬥爭，都會產生合理化的後果（Mommsen 1985：253）。

韋伯社會學方法論的特色
──現象之間的相互關連

　　韋伯社會學了不起和長期的價值之處，不只在於他學術的淵博，而更是由於他治學的特殊方式，他對社會界所持普遍性的描繪和剖析。他的研究方法並非觀察、問卷、調查等經驗性考察之技術，而主要的是理念類型的模型之建構。他甚至善用富蘭克林的自傳，把它當成一個時代新精神的表白。這種作法與傳統歷史哲學只強調偉人的貢獻與業績不同。傳統史學家或哲學家不懂使用社會學的方法，把社會、文化、經濟等因素連繫起來，進而解釋事件的意義。韋伯說：

　　　　沒有任何經濟的倫理單獨地被宗教所決定。在人對待世界的態度上──常是被宗教或「內心」的因素所制約──經濟的倫理自然享有獨立自主的地位。經濟地理和歷史在很大的程度，又規定了這種獨立自主的尺度。生活的行為顯然受到宗教的規定，不過這種規定只是很多規定因素中之一。很顯然地，受到宗教規定的生活之道，本身也深受經濟和政治因素之影響，經濟與政治的因素是在地理的、政治的、社會的和國境之內操作運行的（Weber 1958b：268）。

韋伯這種寰球性（普遍性、廣包性）的與多重原因的
研究法是他積極的、活潑的方法論之判準，而經常在他的
著作中展示出來[註4]。

　　在分析古代猶太教時，韋伯強調那個聯繫古代以色列
社會體系的聖約（the covenant）。這個社會體系的基礎爲
契約性的關係，包括擁有土地的戰士家族、客卿的氏族、
牧人、技工、商人與神聖工作者之間的聯繫。韋伯遂指
出：

> 　　引起爭論的議題並非貝杜因人和半遊牧的民族曾經
> 產生過秩序，其建立可視爲經濟條件之「意識形態的表
> 白」。歷史唯物論建構出來的這類形式，在這裡，以及在
> 任何地方，都不適合。問題在於這種秩序一旦建立，這
> 些不同階層的人之生活情況，在優勝劣敗的競爭中，可
> 以給他們更大的生存機會，俾對抗政治組織較爲不穩定
> 的人群。這種秩序如何產生的問題取決於具體的宗教與
> 歷史情況與變化，也是取決於人身相當程度的情況和變
> 化（Weber 1952：79-80）。

　　這裡韋伯把恩格斯所強調的「革命的實踐」
（umwalzende Praxis）描繪成一種對等的、相互的應對
——也就是在意識形態和超經濟因素之間，在個人特質的

複雜體系和對社會及經濟基礎衝擊之間，確認不是一方對他方的單行道式之決定，而是彼此相互影響的互動。

要之，韋伯以歷史上的宗教特例——古代猶太教或伊斯蘭教——來說明宗教的諾言並非經濟條件的產品，也不是群眾現象的結果。反之，它們是個人（像穆罕默德等人）經驗和意向的表示。他這種方法比起庸俗的物質主義、或是抽象的觀念理論，更能以歷史的內涵來充實了抽象的形式，比起唯物或唯心的方法論來顯得更具週全性和完整性。

社會學分析的特徵為指出現象與現象之間的關連（interconnections），同時澄清實質和意義之間的關係，俾超越一般常識性的理解。社會學的邏輯那樣明確，那樣「硬性」，對於社會界之重要性進行社會學的重建，主要靠揭示體系中各種因素的關連。這些因素對於未受過學術訓練的外行人而言，不過是一大堆分散的、零碎的、欠缺安排的東西。

韋伯對現象與現象之間的相互關連之強調，可從他解釋印度的「喀斯特（教階）與傳統主義」一例得到明證。為什麼沒有英國人的干涉，就會導致合理的資本主義在印度這樣難以出現？這是韋伯直接引用馬克思作品的顯例，儘管他這樣引用的次數寥寥可數：

卡爾・馬克思曾經對印度村莊中的技工之特殊地位加以描繪──他〔該技工〕完全領取固定的實物的補償，而非將其產品推銷於市場之上──同時認爲這是造成「亞細亞人民穩定」的特別理由。這方面馬克思的說法是正確的……無論如何，一旦涉及社會的層化，不只是村莊中的技工，就整個喀斯特的秩序都應該當做穩定的載體〔穩定的支持者〕。我們不當把這一效果想得那麼直截了當。因爲我們或者可以這樣認定，例如儀式上喀斯特的敵對使得「大規模的企業」無法發展，因爲在同一工作場中〔因教階的關係〕而使工作分開。吾人或可視此爲〔印度不產生資本主義〕重大的因由。可是事實上並非如此……喀斯特〔絕非僵硬的制度〕剛好證明爲頗富彈性，當它面對工作場需要勞動密集之時，以及當它爲貴族的家計的需要而集中勞動與服務之時……因此，宗教儀式的因素並不阻礙工作場中不同喀斯特成員的聯合操作，就如同〔歐洲〕中世紀禁止爲利益而操勞不會影響到工業資本的發展……阻礙的核心並不產生在這種特殊困難的情勢下……阻礙主要的存在於整個體系的「精神」裡頭……就算所有這類事情一一發生，工業資本主義的現代組織不可能發源於喀斯特體系的基礎之上。儀式的法律規定，凡是職業的更換、工作技術的改變都視爲教階的降級，這種的法律當然無法誕生經濟與

技術的革命，自然也不會促成資本主義的誕生……從事商貿的人在他們儀式的孤立中無法甩掉東方商業階級的枷鎖，這些商業階級遂永遠無法創造資本主義勞動的組織（Weber 1958b：411- 413）。

韋伯方法論涉及的問題

毫無疑問，韋伯所論述的解釋現象之相互關連未免太廣太大，它們牽涉到穩定、傳統主義和合理性等等範疇。這些範疇看來像要包括歷史和社會的情境，但在事實上則未必有相符合或相似之處。韋伯也知道他這種作法的危險，因而提醒讀者：「一大堆可能的關係出現在我們的跟前……當急之務爲把混亂的東西澄清爲簡明之物，當我們考慮到所有歷史材料中無可窮盡的多樣性之際。爲達成此一目的，必須擱置那些曖昧不清與普通的概念……而企圖鑽入宗教廣大世界中特殊的本質與體會宗教世界之不同」（Weber 1958b：45）。韋伯還意識到和稀泥、搞中庸之道的危險，因爲這種作法有可能把歷史發展的長波濃縮爲單純理論架構的危險。

顯然，韋伯對方法論的問題備極關懷，儘管他並不討論研究技術的細節。他瞭解方法和研究客體之不容分開。

沒有研究對象的考察，談不到研究方法的運用。沒有任何一種清楚界定的方法可以自動應用到任何特殊研究對象之上，這是自明之理。只有隨便的、任意的「唯方法論」（arbitrary methodologism），或是社會學致命的幻想，才會相信研究方法的萬能。

　　韋伯常常回顧他自己研究的互動特質，他說：「我們最關心的是尋找出和解釋西方理性主義的特殊性，並在這個領域中找出現代西方〔表現〕的形式。任何致力這種解釋的嘗試必須承認經濟因素基本上的重要性，特別是要留意經濟條件的重要性。不過，同時對相反的關連事物〔像理念、精神因素等〕也不要忽視」（Weber 1958a：26）。韋伯擔心會掉入慣常的陷阱，亦即錯誤的解釋，誤把對問題的意識和研究對象的界定看做是規範性的評價，這就是要避免把事實的分門別類轉化為價值的優先次序。韋伯說：「〔思想〕建構起來的〔研究〕計畫，其目的在提供一個理念的類型之手段，或稱是提供一個〔研究的〕取向，而不是在搞一套哲學」（Weber 1958b：323）。

　　韋伯的理念類型在為無限的經驗世界中挑出可資理解的部份，並為這一部份指出研究的方向，理念類型建立了一系列可靠的和可信的經驗性相互關連，儘管這些關連無從建構絕對可靠的經驗知識（高承恕 4-5, 8-9, 59-60, 209-210, 215-216；洪鎌德 1997b: 186-193）。他說：

有關彼此衝突的「生活秩序」之理論上建構的類型，僅僅是有意表明某些觀點……像內在的衝突為可能的和「適當的」觀點。它不是有意表明一種立場認為衝突無法在更高的綜合之下消除。顯而易見的事實，在實在當中很少能夠找到的，而在人心中卻隨處可見的，就是價值的個人感受範圍常伴隨合理性以俱來〔亦即個人的價值觀常會以理性來解釋、辯護、正當化，否則該價值不久便告消失〕。它們〔價值的個人感受範圍〕能夠在實在裡頭和歷史的重大方式中出現，也的確出現過。這種〔類型的〕建構便利了規定歷史現象類型的所在。它們可使〔研究者的〕我們，在其特別的態勢，或在其總體的性格裡，讓現象接近我們所建構〔的類型〕，也就是決定歷史現象接近我們理論上建構的類型之程度（Weber 1958b：323-324）。

　　藉實踐練習而浸濡在歷史的、文化的和社會的情境中與方法中，是韋伯所強調的。方法論的問題不過是「在工作中對工作的反思」。這是學術工作者不斷的、無間歇的思維活動。捨開內容，集中在方法之上，意謂概念與研究技術的分離，這樣做對兩者——研究內容與方法——都是有害無利的。韋伯深知社會學概念辯證的與歷史的性質，這些概念必須在特定的歷史脈絡之關係上加以建構與

考量。因之，社會學的研究對象爲社會及其滋生的問題。這些人類活動的條件之界定，並不靠市場或是研究基金提供者，而是靠方法論反思的邏輯來界定的。只有反思的邏輯之運作才能保證社會學判斷的獨立自主與正確可靠。

　　當然社會學的獨立自主並非絕對的。剛好相反，它直接與研究者之歷史定位有關。研究者如何自我定位是一種微妙的、敏感的問題，涉及了他如何有意識地選擇個人的觀點。自我定位便要放棄自然主義的客觀觀點，而坦白地承認，研究者選擇將自己置於物質利益或標明的立場之外，是沒有必要的，也是做不到的。故意自鳴清高，而自認研究立場的中立，反而使社會學失掉其現實關連性。是故，韋伯贊成觀點的相對，卻並沒有把他推入絕對性的相對主義行列中。這類絕對性的相對主義，無異爲普遍性的懷疑主義和道德的冷漠態度。是故韋伯主張，每個觀點，即便是最可靠建立的觀點，也要開放給批判性的方法論之檢討與反省，才不致使這個可靠的觀點淪入教條主義的僵硬腐化中。韋伯的觀點一直都與「歷史的意識」連結在一起，不容許蛻化爲永恆的、形上學的認知形式。

　　上面所提的方法論中極度困難的問題並沒有一一經過韋伯的解決。其中涉及認知與評價的關係，知識的清楚明白與政治實踐的決斷之間的關係，都不見得在他的方法論中獲得圓滿的解決。儘管韋伯瞭解這些事情的重要性，方

法論的議題對他如同對馬克思、或其他社會學的泰斗而言，永遠是擺在實質的議題之下，權充次要的議題。

古典的社會學家並沒有自戀癖，認為他們所創立的學科千真萬確不容挑戰批判。相反地，他們嘗試把他們所生活的歷史情境、及其基本特徵和歷史發展，一併計入其學說的闡釋中。對他們而言，社會學乃是歷史發展，也是發展的方向與意義之科學。社會學的理論和社會無法彼此呈現著像外頭的、對抗的實在。原因是理論只是社會的一部份、一個層次而已。理論經常在質問社會，也常被召喚去解釋社會。是故社會學伴隨社會的歷史發展而進行，同時也變成社會的影子，亦步亦趨緊跟著社會邁進。

由於上面所提起的理由，韋伯的論證不該被化約為宗教與社會的關係之批判性檢驗。這種觀點如出之於庸俗馬克思主義之口，則尤令人厭惡。蓋這些馬克思主義者只把韋伯的治學方式當做是盲目地反對馬克思。事實上，宗教與社會不當看成分開的社會範圍，原因是這兩者乃是社會兼歷史的複雜體相互辯證性關連的兩個天地，兩個境域（dimensions）。

建構一個統合的新科學──韋伯與馬克思合致

韋伯相信宗教界和政經界之間存有緊張的關係，不過

在他的心目中，這兩者並非構成互相排斥的社會單元。反之，宗教的事物和超越宗教的事物（現實的、現世的事物）在同一時刻都是統合的社會情境。韋伯廣包的、寰球的社會研究觀和他對相互關連之追求，就是要深入這個統合的實在，在這方面馬克思與韋伯有共通的研究興趣與趨向。

在分析儒家學說和道教時，韋伯對宗教反對個人主義印象深刻，他說：「在〔古代〕中國，正像在埃及和美索不達米亞一樣，武士的鬥爭技巧似乎並不造成個人主義的秩序，至少比起荷馬的古希臘、或西洋的中世紀來沒有那樣強烈的趨向」（Weber 1968a：24- 25）。他對此情況的解釋，既不在倫理，也不在心理，或社會與政治體系中，而是發現其關連在於地理的和科技的：原因是民眾賴水道的管理為生，人民對君主的官僚統治完全降服，反而成為一種制衡的作法。這便成為後來魏復古（Karl Wittfogel）「東方專制政治的水利理論」之濫觴。此外，韋伯這種的觀察方式，使吾人憶起馬克思有關英帝國殖民印度時，英國建造的鐵路所產生的合理化與反對傳統的作法，以及鐵道舖設後對靜態的、落伍的印度社會體系之衝擊，使印度受到西方文明的洗禮（Marx 1983: 337- 341）。

加之，韋伯推論的過程與馬克思在《資本論》中的作法也頗有相似之處。在馬克思的主要著作中，他開始敘述無害的技術更新，怎樣把工具整合於機器之中，然後逐步

描述一個工人家庭怎樣爲出賣勞力來果腹，而終於導致家庭的解體。表面上對人無害反而有益的技術更新，使機器特殊化，有效率化。可是專業化的機器對工人無好感，甚而造成工人操作機器的單調、乏味、危險、緊張，結果懷有一技之長的工匠，不只喪失了他對生產工具的控制，他還被剝奪對其神經和肌肉活動的控制，連他對工作負責的感覺一併消失。工人不再有權決定生產過程、數量和速度。另一方面，把工人的工具併入機器之後，僱主可以僱用沒有技術的工人，甚至連女工、童工也要擔負沈重的工作。其結果婦女從其家中被趕出去，爲的是取代操作中的男工。馬克思認爲，工業化初期中，工人缺乏普勞階級的意識，以致這些工人在資本主義市場上把其妻兒的勞動力加以販賣，他們遂變成新的奴隸底販賣商（Marx 1968: 371-402）。

馬克思發展社會理論的能力，使得他能夠掌握歷史上重大的、有意義的事件及其相互的關連。他這種能力乃是一種慧見，能夠感受湧現的、長遠的歷史趨勢。馬克思有關資本主義的集中，普勞階級的發展，和以階級爲基礎形成的工業社會，都是他的先見使然。這種先見是令人震撼的。原因是這些現象在他的有生之年只是剛剛萌芽開始而已。儘管隨後中產階級和擁有地位的階層陸續出現，他理論的主要範疇爲涉及權力的集中與社會之分化成兩大陣

營，其一擁有生產資料，其二則爲勞動力被別人所擁有的無產階級。這種理論代表一種對當代資本主義深刻的眞知灼見（Ferrarotti 270）。

韋伯的社會學也同樣擁有預測的力量。例如他對中國與俄國土地擁有者之相似的基礎上，作出頗富先見之明的解說。

就像馬克思的理論一樣，韋伯社會學的主要精神，就是他對當代合理化和官僚化的分析，這表示他對現代社會發展的洞燭機先。與馬克思相似，這種預測的能力來自於韋伯社會理論的寰球性、普遍性、週全性，也是由於他對各種不同的社會組織成分之間的相互關連有深刻的理解之緣故。

在韋伯與馬克思的學說中，存有人在社會中單一或稱統一的科學之基礎。這個基礎乃是克服與超越學究式科學統合之嘗試，企圖以整全的、寰球的、歷史的宏觀來進行學術的研究。馬克思和韋伯的作品剛好與近來科技官僚對學科的分門別類相反，也與社會學的支離破碎分成各種各樣互相分開、缺少關連的分支、部門不同。儘管馬克思與韋伯的著作是統合的，也是宏觀的，但他們淵博的學識卻不是建立在瑣屑的訊息綜合之上，反而是經驗研究與歷史考察的結晶。這種學問是對全球各地歷史、文明、文化的深刻認識，配以歷史發展的眼光來洞察今日現代化的匯聚

與形成，兩位理論大師就是企圖對現代性的來龍去脈作出回顧與前瞻（姜新立 232-240）。

把馬克思與韋伯的學問當成針鋒相對的抗衡，是一個落伍失效的看法。對於兩位理論大師的著作及其詮釋，我們已擁有更佳的理解。只要我們對他倆比較差勁的那部份之分析保持一點距離，那麼他倆較為強而有力的研究成績，就會明顯浮現。而在浮現中他們合致的、集中的、相輔相成的地方也會愈來愈顯露。馬克思和韋伯的作品構成了一個豐富的與統一的觀點——人在社會中的觀點——之基礎。我們有待努力的所在，就是把這個觀點繼續鑽營和發揮，並應用這個觀點於理解歷史之上，進一步還要藉歷史知識而把這個觀點運用於行動之上（Ferrarotti 271）。

以上我們以摘譯的方式把費拉洛悌有關韋伯的研究方法並非偏離馬克思的治學方式，這一新穎的觀點舖述下來，其中穿插其他學者（特別是畢恩邦）的詮釋，目的在彰顯費氏的觀點，這也代表本書編者對費氏鴻文的欣賞與解讀。

註　釋

1.討論韋伯理念類型的說詞，可參考吳庚 19-24；洪鎌德 1997b：186-192；高承恕159-160；陳介玄1989b：135-153.

2. 在＜新教倫理＞一長文中韋伯是以理念類型來討論資本主義的源起，在該文中他並沒有詳細解釋他對原因的看法。實際上韋伯對因果的理念，得之於一位不見經傳的數學家Johannes von Kries的「或然率因果觀」(doctrine of probalistic causation)。它的設準建立在以不可知的事物來解釋已知的事物之基　上。事實上，這種因果觀只是一種傾向的可能性之解釋。在導致一個事件發生的諸種條件中，選擇一個當做適當的原因來看待，是與行動者主觀認定相配合的，例如在法律審判中，某人的行動對造成的結果要「負責」，就是一種因果觀(參考 St. Turner 167-171)。

3. 受到韋伯的影響，當代法國大思想家、社會學者卜地峨（Pierre Bourdieu ）遂認為，造成社會的階層化、階級分化，除了物質資本之外，還有文化資本，參考洪鎌德1997a: 53, 63-71.

4. 不過韋伯方法論的重要性卻也引起學界的爭議，這是由於他對方法論的角色，常有前後不一致的評價所引起的；也是其夫人所說：韋伯無意成為專業的理論家；更因為韋伯方法論寫得雜亂無章，他只提問題，而不提解答之方；以及他的方法論沾染德國歷史主義的色彩，而尚未發展完成等之因由。參考蔡錦昌4-5.

第六章　從韋伯的方法論談
　　　馬克思的唯物史觀——
　　　安托紐觀點的闡述

前 言

　　在1980年代初，正當西方先進的資本主義美、英兩大國由保守的雷根與柴契爾夫人主政之際，東方社會主義集團已瀕臨經濟衰竭、財政危機和軍備競爭耗盡國庫的窘困。這時共黨陣營雖仍苦撐馬列主義的旗幟，但對中央監控的計畫經濟之瓶頸，卻無力突破。倒是鄧小平的改革開放，與趙紫陽建設社會主義初階的策略，引發其他共黨國家的效尤。在這種情況下，馬克思主義作爲共產陣營的指導原則正是節節敗退，但在西方學術殿堂中，特別是在哲學與社會學的部門，馬克思的理念卻受到社會科學界的歡迎（Burawoy 1982; 洪鎌德 1996a）。

　　與此同時，以馬克思的著作當成基礎，而以韋伯學說的詮釋來突顯其歧異與貢獻，可謂開社會思想史比較研究之先河。韋伯的作品變做與馬克思幽靈對話的代表，這種說法有抬高（或是貶抑？）韋伯爲「布爾喬亞的馬克思」之嫌[註1]。無論如何，由堪薩斯大學於1985年出版的《韋伯與馬克思的對話》一文集，標明北美社會科學界對兩人學說相激相盪與相輔相成的剖析，卻有助於我們對一兩百年以來資本主義與社會主義之消長的理解。

　　本章主要在檢驗馬克思與韋伯對價值、歷史和政治的看法之分歧，尤其是評價馬克思企圖將科學（學術）與政

治統一，而韋伯則力圖把兩者分開所滋生的問題與影響。本章主要取材自美國堪薩斯大學社會學教授安托紐（Robert J. Antonio）上述對話文集中的一篇文章，予以譯述與解讀，並重加組織，一部分也溶入編者近年研究一點心得，俾將兩位理論大師的異同做一分析，以利華文讀者的閱讀與吸收（Antonio 1985）。

根據當代德國研究韋伯思想的權威孟森（Wolfgang J. Mommsen）底說法，韋伯雖出身資產階級，但其自稱為知識份子，不受經濟階級的成份之影響，而力主自由主義的觀點，堅持個人對自己行動之負責。在韋伯早年的學術生涯當中，很少注意到馬克思與恩格斯的原著，一直要到1906年之後，他才提及庸俗馬克思主義者的作品[2]。就在這段時間裡，他主要的是以方法論來迎擊馬克思與馬克思主義。韋伯多次，也是嚴厲地批評「歷史唯物論」。亦即，他根本上就反對歷史哲學以物質主義來解釋歷史，他批評這種企圖在歷史變遷中尋找發展的規律和企圖發現歷史內在意義之想法為「膨風不實」（charlatanism）。他認為馬克思歷史唯物論強調生產方式的演變與階級鬥爭的推力為歷史進化之驅力底說法，欠缺科學的基礎（Mommsen 1985: 294-296，見本書第五章前段）。

有鑒於此，本章之主題已不限於馬克思和韋伯討論價值、歷史和科學，一如安托紐原著之標題，而應該清楚明

白地指明韋伯是如何以方法論的觀點來批評馬克思的歷史唯物論，以及韋伯對馬克思的評論在今天情勢下所具有的文化意義。

馬克思對事實、價值和真理的看法

馬克思在大學時代致其父親的一封信中，透露他在黑格爾的哲學中發現實然與應然的矛盾可以化解，而且彼此還可以結合在一起。他說：「從唯心主義出發⋯我碰上了在實在的本身找到理念。假使從前眾神是住在世界上端〔天堂〕，那麼他們今天變成了世界的中心」（*CW* 1：18；洪鎌德 1986：43）。這就是馬克思企圖把神明從天堂搬到人間，從而使神明成為人類。這種說法的另一個解釋為代表真理的概念是內在於人的歷史發展當中，亦即人的歷史之發展符合理性，顯示真理，這是黑格爾的觀念，而年輕的馬克思就擁抱黑格爾對真理的這種看法。

黑格爾否認超越於主體——神、或是世界精神——之外尚有本體領域之存在的主張；反之，他堅稱主體所以會擁有知識是因為靠本身勞動創造（成形）的結果。馬克思接受黑格爾這種由主體自我生成創造的真理觀，只是揚棄黑格爾唯心主義的說詞。換言之，真理是在人類勞動實踐中逐漸湧現的（emergent），但其存在卻內附於

（immanent）人類的勞動實踐當中。由是可知黑格爾「精神」、或神明的歷史，轉變爲馬克思人的歷史，進一步轉變爲人的生產方式的進展。對黑格爾而言，精神由主體階段而客體階段而絕對階段步步發展，終結於絕對的知識之階段（洪鎌德 1995a：68-72）。對馬克思而言，人類經由異化、異化的克除而達到共產主義的最終目標。馬克思認爲解放就是人類最終的眞理標準（洪鎌德 1997d）。這個眞理在人類歷史發展史的每一階段中，都會作出部份的展示，而眞理最終便顯露在普勞階級革命之上。有效的知識便內在於普勞階級活動裡，而由共產黨合理地將這一知識解釋清楚。

韋伯的社會科學方法論

　　韋伯因爲受到新康德學派與尼采學說的影響，極力主張價值的多元，以及價值與事實之分辨（蔡錦昌 33-38）。由於新康德哲學的鼓吹，韋伯認爲實在是一種「無限的多面性」（infinite multiplicity），在這種龐雜的多種多樣中，人們所能掌握的、理解的只是一小部份而已（Weber 1949：72）。科學並不是與人的活動完全無關的客觀知識，而是反映了人的「文化旨趣」（張維安 1989a：18-19）。「價值取向」決定了事情是否值得做科學的考察。因之，經驗性

的問題最終的研究，並非由純粹的理論來決定，也不是從簡陋的觀察中產生出來，而是從「實際的估量、評價」中產生出來的。因此，在決定某件事情值得我們去做經驗研究之前，應該先做「價值的分析」。所謂的價值分析是把與文化價值有關的事物做一個批判性的衡量，而價值是決定研究對象與範圍的標準。一項事物值得研究的問題，必然是在文化重要性的疆界之內逐漸湧現的，但對問題的選擇卻是受到一大堆價值所左右。

　　研究的問題一旦選妥，價值的判斷卻必須與「經驗事實的確立（描寫、分析），作無條件的分開」（Weber 1949：11, 147-149），這就是價值判斷和事實描述應當分家的意思。由於人類是落實價值的動物，因此在文化科學中的因果關係只能藉行動者對其所處情境賦予意義，而得到「瞭悟」。韋伯因此採取瞭悟法來理解人類的社會行動（洪鎌德 1997b：197-198）。此外，他強調賦予主觀意義的行動者一般來說都是個人，而非團體。他認爲社會學家處理團體時，應該把它看作是個別人的特殊行動之聚集，以及諸個人組織的方式產生的結果。原因是只有個人才能對自己的行爲賦予主觀的解釋，也唯有個人才能對自己的行動負責，畢竟個人是眞正存在的單位。韋伯這種說法，就是著名的方法論之個人主義（methodological individualism）。韋伯所拒斥的集體論不只有生機學說，也

有功能學說，乃至結構學說的集體觀。這些集體觀者都忽略了行動的動機之考察，導致無法「瞭悟」以價值爲取向之行動，從而無法藉「瞭悟」來解釋社會現象，其結果被迫放棄文化科學應盡的職責（Weber 1949：40；蔡錦昌91-94）。

顯然，社會科學（或文化科學、精神科學）有異於自然科學之處，並不在尋求現象的規律性。律則性的法規（nomothetic laws）試圖將「文化現象化約爲單純數量的範疇」，而人類的歷史無法簡化成一大堆的律則。原因是這些規律對文化實在的瞭悟無助，也就沒有加以知道的必要。須知某一文化事件的歷史性知識，乃是在掌握其「具體的因果關係」，而不是其演變的規律（*ibid.*, 78-79）。韋伯認爲，社會學的概念在於幫助歷史家所描繪的文化事件之比較性瞭悟，也是促進該事件類型學上（typological）的瞭解。韋伯遂主張在社會科學中最重要的事項爲類型化的手段與目的之理性模型、行動者與情境，這些事項取代了自然科學中所重視的律則性的規律。「理念類型」（ideal types）在確認「客觀的可能性」動機和解釋情境的限制之後，幫助我們去瞭解該項文化事件之意義（張維安1989a：30-32；陳介玄 1989b：135-158）。文化事件的探討已不在找出其演變的律則，而只在找出其類型，類型不過是「發現新知」（heuristic）的手段，目的是在龐雜廣大

的經驗世界中勾勒有限部份的秩序，而予以理解和瞭悟（洪鎌德 1997b：186-193）。

韋伯認為，事實的描述和價值的判斷分屬不同的理論層次，每項都有其本身內在的評價標準，前者重視的是客觀真理，後者重視的是主觀確實。韋伯追隨康德保留科學領域和實踐領域的各自獨立自主，但並非兩者徹底的分開。科學問題的選擇之基礎為價值的取向。但科學本身提供了確實的資訊，俾為價值抉擇之參考。儘管事實描述和價值判斷有了這種互動的關係，基本上應該維持兩者不同的領域與疆界。科學無法「節省個人的下達判斷和進行選擇的麻煩」（Weber 1949：19），原因是科學並無法為價值的真理內涵作出規定，也無法成為諸價值之間的選擇之判準。

韋伯多元價值觀、衝突和宰制頻生的歷史觀

韋伯不同意康德所定下的「範疇性命令」、或「目標的領域」，他也不同意後者以道德和諧、或道德進步作為人生最終追求的目標。他雖受新康德學派之影響，但不同意後者對文化價值絕對性的肯定。反之，韋伯贊同尼采對宗教、形上學和對康德倫理學的批判，特別贊成後者宣布基督教道德學說的破產。他欣賞尼采強調權力和宰制的寰

宇性（無所不在），賤視狂熱主義，避免形上學的證成辯護。韋伯不是尼采的信徒，但卻同意，在一個去掉魔幻的時代中，人們應該擁有「知識上的正直」（intellectual integrity）。尼采與韋伯卻也擔心世俗化的價值觀有取代基督教價值觀的可能，以及各種各樣世俗化救贖說的湧現。兩人對當代哲學中強調恢復生機的、官能的、有生命的社群聯繫（communal ties）之學說——向來為馬克思所主張——表示無法接受。因而拒斥建立「絕對真理」的新典章制度之說法。他們也無法接受「歷史上的真理」，以及企圖建造一個解放的社會之政治理論。兩位哲學家認為現代知識份子無能力去接受現代生活之不確定性，乃是他們壞的信念（bad faith）所引起的，這是傳統社會造成人們麻木無知的停滯力量在作祟，也是精神不濟、無法理解現代生活創造性的動力所引起的（Antonio 22）。

就像尼采一樣，韋伯相信社會生活中無法根絕衝突的現象，再說，去掉魔幻的結果必然產生對瑣屑無價值、本身矛盾重重、利害不一致之事物的追求。這時連同代表客觀探索世界真理之科學，也無能為力。反之，隨著現代生活把神祕面紗逐漸揭開，價值與利益跟著愈來愈形分化，而價值之衝突有增無減。在這種情形下，韋伯反對一個和諧的、解放的社會之建立，原因是如果准予在這種理想社會中的成員享有追求各種各樣目標的自由，只會擴大追求

物質或精神財貨的競爭，使全有或全無（zero-sum）的鬥爭更形慘烈。韋伯說：

> 只有一件事是無可爭論的：每種社會秩序，毫無例外地〔要能運作有效〕必須建立在一項前提之上，亦即某一類型的人可以藉不同客觀或主觀的選擇因素而爬到優越的地位（Weber 1949：27）。

　　某些人可以爬到優越的地位，意謂著社會組織的存在，社會組織容許少數人可以發號施令，變作統治者、指揮者、領導者。宰制可以阻卻價值衝突惡化到擴及為社會全面的衝突。韋伯說：「宰制，為人類過去與現在最重要的社會結構中（特別具有經濟節省的意義）扮演最具關鍵性的角色」（Weber 1968b, 3：946）。宰制的結構穩定了上下統屬關係（hierarchy），其方式為在合法的範圍內限制利益衝突，也規範了利益衝突。韋伯把宰制等同為「權威性的命令權力」，以統治「主子」的命令來管理被統治者之社會行動。少數統治者的「神話」就是指他們統治的特權是「應得的」，同時使庶民下屬深感其得不到好處乃是其本身的「罪過」造成的。韋伯認為，在「合法性原則」中表達出來的「自我辯護」、或「自我證成」是造成一個穩定的上下統屬關係必不可少的條件。一旦神話失效，主

人必以武力來「粉碎群眾〔反抗〕的活動」，歷史就是衝突和宰制無所不在、而又反覆出現的現象。

韋伯論官僚宰制與民主政治

現代官僚技術上的優越性來自於「始終合理化的、方法上準備好的、精確的執行，亦即執行上級給予的命令」（*ibid.*,1149）。改善生產能力的合理成份增加了「主子」對百姓滿足口腹之慾的控制（吳庚 81-91）。因之，韋伯指出，「主子」對物質資料的控制之集中，是與官僚勢力的膨脹同時進展。韋伯認為，自主的私人工商企業將生產工具掌握在其手中，加上大批為飢餓所驅使、被迫勞苦操作的無產大眾，就構成了現代的官僚資本主義。在這種資本主義形式下，財產的集中，菁英對財產的控制，社會財富不公平的分配，都是其特徵。資本主義的會計和其形式的組織，都是為了累積資源、控制資源和擴大產出的利潤。他指出：「資本會計中形式的理性之最大化是靠工人屈服於企業家之下才能達成，這一事實正顯示現代經濟秩序實質上的非理性之特殊因素」（Weber 1968b, 1：138）。換言之，現代經濟生活實質上是非理性的，儘管形式上是合理的。

現代國家把工人從物質資料的生產、消費、行政、學

術研究和一般財政中分開出來，亦即將工人從政治、行政、軍事、學術部門分開出來，這也是從私人的資本主義之經營管理分開出來。無論是公是私，處理這些資料的乃為官僚機器，它隸屬於直接握有權力的人。因之，官僚的集權並不限於公家的機關，也滲透到各行各業之中。在這種情況下，所謂的「大眾民主」（mass democracy）並非人民當家作主，而是「在面對統治群體和官僚群體時，被統治者被壓成齊頭的平等，而統治群體和官僚群體卻佔有單獨治理的〔優越〕地位」（Weber 1968b, 3：985）。這裡韋伯雖然引進了「大眾民主」一詞，但其意義並非當代歐美學者心目中尊重人權、鼓舞人民參政的自由民主，而是朝向「準財閥分權」（crypto-plutocratic distribution of power）的民主（*ibid*.,989-992；1401-1403）。一個完全的官僚國家，其權力的凝聚會把所有獨立自主的人民社團及反對勢力加以吸收，也嚴重威脅了「獨立」的個人之存在。

　　儘管韋伯面對聲勢日大的官僚化之威脅，但他並沒有宣布資產階級社會的死亡。反之，他認為西方的歷史發展尚屬開放未定：西方人的命運還得依賴民主與官僚之間的鬥爭而後決定。韋伯強調政治家的角色，認為他們可以削弱官僚在機構中擴權的的野心，也拒斥外頭控制的企圖。他們不像是事事服從的官僚，可以在諸神、諸種價值與目的之間做明智的選擇，因此成為官僚宰制的對抗力量。政

治家應具三種卓越的特質：熱情、責任感、判斷力，他們不但爲理想目標而獻身公共事務，更應抱負責盡職的精神，把政治當成他們終身不渝的志業（張家銘 1987: 16-20）。

對韋伯而言，政治乃是有關利益和權力的獲取與擴大之鬥爭，政治也是透過折衝談判而把衝突加以辯論、並加以修正的公共競賽。政治家應該根據「責任倫理」追求其選民所囑託的信任之落實與選區利益的實現。政治家應衡量得失，並不時以彈性與妥協的心懷來選擇價值做好判斷。儘管科學無法決定政治問題，無法對價值有所抉擇，但卻可以分析採取何種的價值、利益所能造成的結果，亦即爲行動的後果提供訊息，而在發生爭執時可以注入理性的解決之道。

民主需要廣大監督的力量與責任，因之，有賴強有力的國會之運作，伴隨著相互競爭的政黨仍屬必要。此外，「輿論制衡的權力」也有必要，目的在促進國會中權力的分配。

韋伯雖期待議會民主的到來，但卻堅持權力仍舊是掌握在「主子」的手裡。此外，他又力稱：「民主化與譁眾取寵的煽動人心是聯結在一起」，而民主的領袖之崛起與討好群眾的不擇手段有關，韋伯認爲大規模的直接民主是一種幻象，就是代議民主也受到煽惑群眾的趨向所削弱。

民主的最大好處在於減少控制，也就是讓利益相爭的群體建立起一種有限的、理性的、和平的鬥爭方式，來解決他們之間的歧見。就是要達到這個理想仍須有制衡力量之存在：亦即官僚、專職政治家、群眾領袖、工會和資本家等之相互制衡。韋伯對民主的理念並不與其膨脹的官僚主宰、財閥統治和價值衝突等等他向來的看法相互矛盾。原因是現代的民主尚未克服鬥爭，也尚未克服上下垂直的統屬關係，現代民主只是透過日常化、和平的方法來介入與限制衝突，從而使鬥爭和上下不平等合理化，同時靠可以預測的法律手段來保障「主子」們的特權。

在一個衝突頻生的世界中，各國都在追求國家利益與國家目標，韋伯不認為和平主義值得推崇和效法，他期待德國擁有與其地位相當的國家權力，俾追求其國家利益。儘管他對德國民族主義的追求，隨著局勢演化而多次轉變，一般而言，韋伯贊成維持一個強大的德國，俾能統一民眾，而保護他們的文化利益。

就像馬克思一樣，韋伯是一位「現實主義者」，也就是發現現代經濟、社會和政治上人們處於不平等的地位。但有異於馬克思，韋伯並沒有鼓吹歷史發展趨勢，或鼓舞群眾的行動，俾能減少或消滅各種各樣的不平等。馬克思與韋伯有一個重大的分歧：馬克思處理問題的方式表現在批判不平等，尤其抨擊經濟上的不平等。反之，韋伯則以

平常心接受不平等的事實，頂多視不平等爲人類的宿命，最重要的是，韋伯擔心，爲了剷除不平等，反而造成官僚擴權，最終導致社會動力與韌性的毀壞，民眾陷入更大的不平等災難之中（Antonio 1985: 25）。

實在的部份理解與總體掌握
——韋伯與馬克思史觀的歧異

在介紹馬克思和韋伯對科學、認知、價值、政治等不同的看法之後，我們不妨進一步比較兩人重大差別的觀點。馬克思的想法根植於黑格爾，遂與受新康德學說和尼采哲學影響的韋伯大異其趣。馬克思相信他已能夠克服康德有關事實與價值的雙元對立，因之，不會欣賞什麼科學的價值中立之說法。不過馬克思不可能會躲避「客觀的」經驗分析，他把歷史唯物論當作嚴格的科學看待，也就是涉及歷史的經驗運動。另一方面，馬克思和韋伯對於以何種的價值取向來決定提出何種的經驗問題，必然有重大的歧見。原因是韋伯所強調的是價值的多元主義、多元化，儘管他對每種價值的效力之有無、大小不加留意。他認爲每種價值都有其「文化重要性」，而文化重要性的標準由每個社會研究者自行訂定。這種價值多元觀剛好同馬克思唯一的解放觀之價值直接衝突。

解放的目標是歷史的必然歸趨，至於別人的價值一律
被馬克思斥爲意識形態，如此一來解放遂成爲拘束性的、
以階級爲基礎之價值，這個集體價值還包含了科學可證明
其爲眞的事實在內──歷史規律演變到終站便是人類的解
放（洪鎌德 1997d）。韋伯認爲只有事實的知識才是客觀
的，這點要求社會科學家在選擇文化價值之際負起責任倫
理來。儘管馬克思的方法隱涵取向的價值之範圍狹窄，可
是一旦界定某一問題之後，便進入經驗考察的階段，研究
者便要避免主觀的偏見。這是韋伯的看法，亦即後者堅稱
研究結果之有效性抑無效性，完全看能否符合經驗事實，
是否建立在精確無誤之上。馬克思堅稱有效的知識有助於
追求解放的社會改變。是故歷史唯物論者所追求的不只是
對歷史演變的解釋，而是根據歷史解放的目標而理性地指
引歷史、規範歷史。

馬克思視解放爲物質和社會進展的一個新境界、一個
新天地（dimension），有異於韋伯只想探察無限實在的一
小部份，馬克思要求對歷史核心作徹底總體的理解。生產
方式的分析不僅僅是組織知識的一個方法，而且更是把握
決定性的歷史因素。解放是內在於歷史發展裡頭的這種信
念，也造成馬克思學說的基礎，在此基礎之上必然會要求
把韋伯的兩元對立加以消除，亦即消除事實與價值、概念
與實在、科學與政治的兩元對立。這些兩元對立的出現源

之於韋伯對價值多元和無限之看法，也因為他對實在多樣性、龐雜性的強調。韋伯所以主張文化科學應該發展理念類型與瞭悟法，目的在對社會實在做部份的理解，這便反映了韋伯的看法。反之，馬克思客體化的、理論的價值關係，便是他主張以規律的方式來瞭解整個歷史過程的變化。

馬克思採用黑格爾的觀點認為歷史的終結是和諧的，這點與韋伯採用尼采的說法強調衝突和宰制是永恆的完全相反。正像黑格爾主張的精神可以克服主體與客體的對立，馬克思揭撕的共產主義試圖摒棄個人與社會的分裂。這將是階級鬥爭的歷史之完結，亦即擁有財產的統治階級受到沒有財產的普勞階級的「去除財產化」（剝除財產），從而使新的生產關係不再桎梏進步的生產力，人類將進入無階級、無剝削、無衝突、無異化的新社會───一個嶄新的社群（洪鎌德 1996c：52-56；59-64）───當中。

馬克思主要致力於資本主義的分析，因之無暇也無心對資本主義的社會做出系統性的舖敘。他只認為普勞革命為人類有產者與無產者長期鬥爭最後的一幕，這一幕也是歷史、或稱「史前史」最後一次的形塑。從此以後人類將進入完全能夠控制自己命運的時代，亦即人類正史的揭幕。在正史中人類所創造的社會是一個和諧、平等、富有理性而又自由的社群。在共產主義下，科學的「合作方式」

將取代以階級為基礎的分工，這時國家及其強制性的官僚機構（對人的統治），將被「對事的管理」和經濟的計畫所取代（洪鎌德 1996c：60-64）。馬克思對未來社會的這種預測與投射剛好同韋伯的想法相左。後者發現未來的價值衝突不斷強化中，財閥的統治不斷增加中，以及官僚統治的無孔不入。

韋伯拒絕了馬克思後資本主義社會的看法，也嘲笑它含有目的論的理論辯詞，他認為把普勞階級當成普遍階級，以及歷史必然終結於社會主義，是黑格爾「精神溢出說」（簡稱神溢說 emantism）[13]和「汎邏輯說」（panlogism）的殘餘（Weber 1949：68-69）。馬克思所指出的階級與階級利益概念，在韋伯的眼中乃是一種物化，這種物化完全破壞了瞭悟社會學的信條。韋伯以為，能夠穿越和揚棄異化的階級意識之「真正的」階級利益乃是虛幻的東西，因為它在社會學上是無法被理解、被瞭悟的（Weber 1968b, 2：930）。

韋伯相信，社會主義將是邁向完全的官僚統治之起步，它不是向過去告別，不是求取人的解放，在走向社會主義的過渡期，必然會產生「擴充的國家」，破壞了議會的控制，消滅了對國家機關公共的監督。這時利益團體將會受到壓制性的管理，政治圈——公共論壇——也會遭到破壞。工人們將不會被賦予權力，而控制權將會移給官

僚中單一的群體。不管是資本主義或社會主義，韋伯都強調社會控制的重要。無論是在資本主義還是在社會主義體制下，有效的控制始終是掌握在菁英手中，工人還是支領工資的勞工，而企業管理還是採取高價格和低工資的策略。此外，社會主義的勞工面對獨佔性的官僚，它會禁止工人的罷工。對韋伯而言，社會主義意謂高級管理的官僚化，此種官僚化排除了利益群體的動力，破壞了中立的上訴機關，而把單獨的統治權力交給國家的官員（*ibid.*, 3：1402）。

韋伯進一步評論：社會主義的經濟計畫對群眾的需要敏感度不夠，他無法想像一個「消費者的機關」可以建立起來，目的只在管理與照顧國家官僚的需要。由於金錢與資本的計算（會計）都被取消，形式與計算的理性也大減，則人們的需要怎樣去標明？怎樣去估計？也就是「需要的經濟」如何成立呢？這些非理性的因素將會阻卻生產，減少行政效率，也毀壞技術上的調控（*ibid.*, 1：110-112；3：1454）。韋伯並不認眞去思考社會主義的權力分散之問題，因爲這需要回歸小型的組織，而這種由大規模回歸小規模的作法，必然後果嚴重，難以成立。

韋伯相信社會主義必歸慘敗的兩個區域，其一爲社會民主，其二爲物質充盈。他認爲社會主義必然大力膨脹官僚勢力，來制衡反對的力量，並以強力達成社會生活的齊

一平等。生產力和分配力的降低剛好與殘酷的合理化和集權同時出現。既然社會主義的意識形態就是世俗化的神義論（theodicy 證明神是公義的、仁慈的），因此為了補償人們現世的受苦受難，它將變為「絕對的目的之倫理」，對手段與目的之不對稱全力彌補。在這裡韋伯贊成尼采的看法，把社會主義當作是對群眾的役使，因之，任何政治上的衝突必定遭國家官僚無情的反擊與鎮壓。其造成的民眾之聽話、無助、不敢活動，亦即政治上的徹底消極靜默（quietism），剛好與馬克思人的解放之理念相左。在這裡我們不難知道，韋伯和馬克思對社會主義看法之歧異，是由於兩人相反的假定和歧異的史觀，以及截然不同未來的憧憬所引起的（Antonio 28）。

韋伯評歷史唯物論

　　韋伯認為，歷史唯物論作為歷史之「因果性的解釋」是破產無效的（Weber 1949：68-69）。在他的心目中，馬克思主義者「滿意這種破綻百出的假設和最普遍的老套，自從他們滿足了教條的需要之後。這種教條讓他們相信經濟因素是『真實』的因素，唯一『真正』的因素，而這個經濟因素在『最終的分析』中無處不是決定性的因素」（Weber 1968c：167；本書第五章前段157-158頁）。問題在

於「單獨用經濟原因來解釋各種現象是不夠的、無法窮盡的……特別是在文化現象的任何部門之內，包括在『經濟』的部門之內」(*ibid.*, 68, 69, 71)。使用經濟當做決定性因素來解釋社會現象，是一種機械性和缺少批判性的「一偏之蔽」(one-sideness)。

依韋伯的看法，歷史唯物論否認了科學含有文化的中介性，它客觀主義的主張自認爲可以直接進入實在，掌握實在。這乃是由於忽視了概念與實在之間存有「非理性的隔閡」(hiatus irrationalis) 之緣故。概念與價值的賦予、灌注 (imposition) 於實在之上，遂與經驗內涵參雜，這樣的認知心態必然導致以機械性的觀點來描繪正在展開的「客觀」條件，而且這種描繪還是「神溢說」的描繪。唯物史觀中對歷史發展的分期，每一個必然出現的階段，在韋伯看來完全是「演化的教條主義」(evolutionary dogmatism) (Weber 1968b, 2：874)，在此歷史演變階段上諸個人變成形上學概念「實現的例子」。

韋伯否認歷史唯物論掌握了歷史的總體與眞理，他認爲這種論證反映了內涵的價值，而非外頭的「實在」。聲稱對歷史的瞭解會促進馬克思主義暗示的文化興趣，如今卻轉化爲對其他諸種價值的優勢和霸權。這樣的作法把這一理論的科學潛能大爲削減。此外，解放的價值之有效性建立在歷史演變的趨勢上，這樣做也就構成了錯誤的客體

性（false objectivity）與「虛假的價值中立」。明明是一種對歷史的評價，對歷史的估值（valuation），可是現在被解釋為歷史的事實。這種作法與韋伯的「價值分析」相反。在價值分析中研究者的價值取向、主觀意圖要交代清楚，並接受他人的考察與批判。換言之，研究動機要符合責任倫理的要求。這種價值分析顯然與後來的經驗研究要徹底分開，不可搞混。韋伯反對把事實和價值混為一談，認為這對事實與價值兩者本身的一體性、完整性（integrity）都有嚴重的傷害（張維安 1989a：8-11；蔡錦昌 28-46）。

韋伯並非明目張膽地批評馬克思，更非引經據典來加以反駁。他傾向於批評那些較不重要的知識傳統之代表人物，而不喜指名道姓抨擊重要的文化大師。他未曾仔細解剖馬克思原著的章節，他的剖析是針對庸俗馬克思主義，亦即馬氏的徒子徒孫之理論，這裡所指涉的為庸俗的唯物論。即便是韋伯有意對馬克思的作品加以判讀，卻礙於當時存在的馬克思之文獻不足，尤其幾項重大的遺稿（例如《經濟學哲學手稿》，《德意志意識形態》，《綱要》等）皆未出版，而無法進行文本析讀的工作。

韋伯在世之日，第二國際教條式的唯物論氾濫各處，也成為主宰馬克思學說的文獻來源。這時西方馬克思主義尚未出現。連恩格斯都在晚年聲稱，他自己和馬克思對流

行的粗陋唯物論與僵化的決定論有很大的距離。恩格斯說，在與別人激辯之時，他與馬克思偶然過度強調「經濟的因素」，不過他對年輕的馬克思主義者之大談廢話（「最令人吃驚的垃圾」）卻完全拒斥。他強調其本人與馬克思從未把經濟因素看成唯一的決定性因素。他還指出有一大堆無法化約的因素（經濟、政治、社會、宗教）之存在，以及由於「特殊生活條件」所形成「個人意志」之衝突，都可由歷史反映出來（*SC* 394-396；Marx 1959：399-400）。對恩格斯這種說詞，韋伯無法完全釋懷，原因是恩格斯始終堅持物質的因素「在歷史中起著最終決定性的作用」（*SC* 394-402；Marx 1959：397-412）。

韋伯對歷史唯物論的批判應當在他反對社會民主黨的情況下加以衡量。韋伯認為，社民黨的社會主義政策綱領對德國資本主義的發展和企業階級的壯大有很大的威脅，而偏偏這兩者是造成德國人的福利所不可或缺的。他還認為社民黨的國際主義與反帝立場可能破壞了德國的國家利益。韋伯遂支持社民黨中的反黨份子。這些反黨份子（包括「教壇社會主義者」〔*Kathedersozialisten*〕[註4]與基督教社會運動者等）主張以改革取代階級鬥爭與革命，還主張保留資本主義的制度和維持德國的強盛。

社會民主黨採用一種理論路線，主要在壓制強調革命意願與行動的那派，而鼓舞靜待革命果實自動降臨的另一

派。後者視資本主義的崩潰爲必然，社會主義的出現爲無可避免，以及客觀的矛盾與衝突乃爲事有必至的現象。這種路線居然與社民黨議員在國會的溫和表現結合在一起，眞是一幅充滿諷刺的畫面。由於歷史條件和局勢發展不利於革命的爆發，社民黨只好托庇於理論的掩護，期待資本主義的自動崩潰。考茨基（Karl Kautsky 1854-1938）大談價值中立的「科學的社會主義」，其實現是由於「歷史的必然」。他正是韋伯所譏笑的「虛假的價值中立」之化身，因爲他「省卻個人進行抉擇的麻煩」，妄想以科學來提供有效的集體目標，並保證其早晚的實現。

　　韋伯對歷史唯物論的批評，是在他對馬克思的著作閱讀有限的情況下，也是他對當時盛行的、狹窄的和機械性馬克思主義的強烈反應下，所作的評論。韋伯經常把歷史唯物論當成政治的意識形態，也就是一種擬似科學的投射，不值得詳加分析與批評。假使他有機會像我們當代人暴露在馬克思早期遺作及其他文獻之前，並有機會經驗到西方馬克思主義的貢獻，他或仍舊不同意馬克思、或仍會反駁後者很多的意見，但至少他對唯物史觀的看法將會有些修正，其批評也會較爲溫和也說不定（Antonio 30-31）。

物質利益的重要性

　　人們一直有一個錯誤的看法，認爲馬克思是一位唯物
主義者，而韋伯是一位唯心主義者。其實兩人既討論物質
利益，也分析精神意義。即使是韋伯津津樂道的「世界形
象」（world images），也冠以這句話：「並不是理念，而
是物質的和理念的利益直接指揮人的行動」（Weber 1958b:
280）。在另一作品中韋伯指出：物質利益制約文化生活的
各方面，連「美學和宗教感覺的奇妙之差異」也受物質利
益的影響（Weber 1949：65）。他認爲合法的統治不能只
靠社會結構提供的「純粹物質利益」，還要靠情緒的和理
念的因素補充物質利益之不足。後來物質利益變成爲來勢
洶洶，因爲人計算物質利益的能力大增，加上世界的去掉
魔幻神祕、合理化，以及科技進步的接踵而至。即便是韋
伯在新教倫理中大談理念、精神，但現代資本主義還是被
他描寫爲「機制」，能夠挾著「無可抵抗的勢力」來決定
人們的生活（Weber 1958b: 181，54-55）。

　　理念的利益，特別是卡理斯瑪的特質，常出現在歷史
的變動之際，成爲影響世事發展的重要因素；但作爲一位
非唯物論者的韋伯卻也強調物質利益，把這些利益當成中
心的和系統的勢力，特別是在統治的官僚結構裡頭。正因
爲現代官僚政治的管理是建立在對物質利益精密的計算之

上，理念的利益比起早期家長式官僚體系更能發揮補充的功能，且起著正當化的作用。

韋伯受到新康德學派認識論的影響，因此不認為人們可以直接進入物質的「實在」（實相、實體）之中；對實在的理解常要靠意識的方式，也就是憑藉著文化影響結構的認知方式之中介，人才能接觸和掌握實在。在這種情況下，有異於馬克思，韋伯不認同社會是兩層樓的譬喻，既沒有上層建築，也沒有下層結構。反之，存在於社會實在的是物質和理念的利益交織的網絡，這些利益形成為相互關連，彼此有內在的相似之概念和利益的體系。物質利益是基本的，原因在於它滿足人類各種各樣的需要。物質利益這種基本重要性，並非隨意選擇之事，而是個人與團體的領袖一定要先認識這些物質利益之存在與性質，才能把他們要辦的事一一付諸行動。

韋伯對歷史唯物論的批評主要在針對後者認知論上和目的論上之要求而發的，而較少是針對歷史唯物論強調物質嚴重影響人們的生活那方面。韋伯說，馬克思的歷史變遷律如果是當作理念類型來發現新知的話，是沒有理由加以反對（Weber 1949：103）。韋伯的夫人瑪麗雅娜強調這點，她說韋伯讚美馬克思的研究法是「非常有成效的，顯然特別是新穎、發現新知之原則」，它可以燭照「過去尚未照明」的知識之區域。

可是韋伯感覺馬克思這種研究法也陷入物化與決定論的泥淖中，將掩蔽僞飾的評價同歷史事實的陳述混爲一談。儘管韋伯以批判的語氣來處理馬克思這些問題，但他無意以唯心主義或觀念論的觀點來取代馬克思的唯物主義，因爲唯心與唯物的解釋都是片面的。就像馬克思一樣，韋伯瞭解現代個人生活的「宿命」（fatefulness）。蓋現代人是在權力日大的宰制結構之下討生活，其處境常是無助與無奈（Turner 1981：3-28）。現代人對事物的估計、評價與社會結構性的限制相衝突，他們的選擇常造成未曾期待的結果。由是可知在這個世界中物質利益的存在是不必置疑的。儘管馬克思和韋伯對此的立場不同，用唯物與唯心的兩個極端之兩分法，來把他倆的學說作對照，是缺乏根據的。儘管兩人因爲價值和假設的差別而觀點有異，但他們對物質因素的分析卻顯示驚人的連貫性（Antonio 32）。

教條式與批判性馬克思主義者
對韋伯與馬克思學說之重估

教條式的馬克思主義者，也就是庸俗的馬克思主義者，或稱爲機械性馬克思主義者，他們把韋伯貶抑爲布爾喬亞的理論家，他們不肯花精神去分析馬克思與韋伯對資

本主義和社會主義看法的不同，而一味丟石頭、摻砂子、亂批亂評。另一方面，西方馬克思主義（簡稱西馬）者[註]，亦即批判性馬克思主義者，雖然對兩人的歧異原因有所理解，但對問題沒有深入的探討。他們傾向於把韋伯多元價值觀與個人價值觀等同為非理性主義，他們暗示韋伯的價值基礎無法保持科學的獨立自主，尤其是在面對資本主義科技官僚的稱霸之下。這是他們攻擊現代社會科學中有關價值中立粗糙的概念之一部份，認為現代科學致力於在研究中縮小價值的影響。他們在討論韋伯時，常把價值關連、文化意義和社會學中主體賦予行動的意義等等論題，予以丟棄。因之，批判性的馬克思主義者既不精確地分析韋伯方法論（科學的哲學）同他死後價值中立的概念之關係，也不反省一下他們研究的項目與韋伯相似重疊的那些部份。因此在他們的批判中，有時也把韋伯的觀點與那些把科學與價值完全切斷的研究途徑混為一談。例如馬孤哲（Herbert Marcuse 1898-1979）對價值中立採取那樣狹隘的解釋，彷彿韋伯對價值的問題毫無知覺，也把韋伯看作是技術官僚想法的前驅，這些都是西馬理論家對韋伯學說的曲解。

批判性的馬克思主義者對韋伯價值關連和價值分析的理念，既不加適當的敘述，也沒有明顯地分析他方法論的觀點與實證主義者有何不同。另一方面他們卻正確地指

出：對價值系統性的反省已不是今日社會科學方法論程序的主要問題。今天對研究問題的選擇，與社會科學家的訓練、興趣，以及能否申請到研究基金有關。韋伯所強調對價值的反思，然後才選擇題目，這種說法已被技術官僚的科學主義所取代。後者放棄價值分析，處理研究問題有如從技術過程上自動躍現一樣。在官僚合理化和集權的時代，研究活動的技術面之考慮蓋過對價值的關懷。當今的研究程序，已與韋伯想像的方法論設準完全相反。

　　雖然韋伯不是一個技術官僚的思想家，但他強調價值的多元，以及個人對其研究計畫選擇要負責任，這些想法與現代實證主義者的觀點有相似之處。尼采主張價值與價值之間的永恆衝突，這一論調更受到社會的歧異化、合理化和去除神秘、去除魔幻等現象所加強。要之，尼采這種論調造成集體價值的說詞變成既是教條的，又是形式的。總之，在大家追求各種瑣屑的、無用的、相互衝突、相互矛盾的價值之今天，還強調價值的多元，強調文化的意義和講究個人的責任倫理，不無落伍過時之感。換言之，韋伯這些主張用在過去君主專制的時代或有其必要，用在組合的資本主義與國家（官僚）社會主義對科學全力控制的現代，則屬不妥。

　　接近韋伯觀點的社會學家自動自發來反省各種與文化有關的價值，俾檢驗選擇問題時之動機——進行價值分析

——爲的是盼望對研究問題的選擇，會是明智的，符合時代的要求，而非出於一己之私，或迎合技術官僚的心願。可是批判性的馬克思主義者視此一作法爲非理性，因爲今天已無主體的評價之指導原則可言。沒有指導原則而奢談選擇的問題之價值取向，這不是非理性是什麼？事實上，研究者反思的過程，是受到他物質利益與理念利益所影響的。批評者續指出：科學問題的選取完全取決於擁有權勢的機構及其利益的體現，而很少按照研究者的旨趣及價值取向。由是批判性的馬克思主義者提出許多問題，例如：在面對各種各樣的價值與利益相互競爭與衝突之際，新康德學派哲學家強調研究者倫理的承諾豈不變成空洞的形式主義？在技術官僚主宰之下，具有倫理意味的個人主義還有何意義嗎？當前對研究問題採取主觀的反省可能產生的效果是否大於利益競爭的安排下，受到學院、或基金會官僚操控的研究者之研究成果？

　　討論這些問題並無意把韋伯看成一個相對主義者，或是勸人恢復絕對的價值。韋伯不願意爲吾人提供價值的指導原則，並非他懷有技術官僚的偏見，而是他對保守份子以及馬克思主義者的教條主義之反彈。這種顧慮直到今天仍有其關連性。他強調研究者有義務對研究的問題之採用何種的價值，先作反思及分析，其目的在於避免研究者屈服於意識形態、社會運動、或機構的壓力之下。韋伯並非

一位相對主義者。他的社會學反映了對某些價值的承諾，像政治的溫和與妥協、個人的自由與負責、社會的理性與祥和，但他對這些價值之堅持並沒有化除價值多元論與個人責任說之間的緊張關係，也沒有對批判性馬克思主義作出完全的回應。公平地加以描繪，韋伯的方法論不是技術官僚式的，不過今天它卻受到質疑，大家懷疑它是否能有效對抗技術官僚的入侵和一般官僚的籠絡，而達到保衛科學獨立自主的地步。

另一方面也要看批判性馬克思主義者對馬克思的批評。馬克思期待的解放者之普勞階級在政治舞台上消失，工人階級逐漸被資本主義體制吸收統合。資本主義體系的特徵為一再升高的大眾消費，以及細緻的、講究的合法化、正當化之方式，使被統治者變成乖順的綿羊，不知抗爭。社會地位的競爭，種族、族群、宗教的分裂，使普勞階級的階級意識徹底粉碎。加上組合的資本主義之韌性和彈性把即將來臨的階級衝突與鬥爭延後、化解，而使資本主義的崩潰成為幻想。但另一方面，僵化、壓制性與無效率的國家社會主義——像從前的蘇聯、東歐共黨國家集團和今日的中、韓、越共黨政權——卻使韋伯預言的官僚暴政、工人無權、生產力劇降等現象，淋漓發揮完全暴露。解放有待歷史來證明有效的論調，完全被現實共黨政權之宰制、壓迫、破壞徹底拆穿。馬克思所擁抱的啟蒙運動之

樂觀，在20世紀最後一季變成幼稚的空想。的確，這種天眞的想法阻擋了對解放的意義之反思，也暴露對這種絕對目標的夢想追求之危險（Antonio 34；洪鎌德 1997d）。

機械性的馬克思主義深植於馬克思的文獻之中，特別是後者要把科學與政治統一的企圖之內。當馬克思把歷史唯物論應用到歷史的分析上，而不追求內在的目的性之實現的話，是一項有用的社會學工具，因爲它可以集中在必需的和剩餘的產品之生產、擁有和分配的分析之上，並評估這些過程對社會發展、運作或式微的衝擊。可是另一方面，馬克思又採取另一個途徑，要確保普勞階級的「歷史使命」，承諾資產階級的消失，和保證解放性共產主義之崛起。這些含有目的論的說詞，建構了政治的炎炎大言，迫使革命的勞動者去採取行動。這部份的政治措詞把政治價值同歷史事實混淆，其結果減弱了馬克思著作的科學意涵和學術價值。在機械性的馬克思主義中，目的論的保證可以驅散對無從證實的預言之疑慮，把歷史唯物論轉化爲非歷史的、甚至反經驗的思想工具，用來鼓吹政治目標之追求。馬克思唯物論的社會學終因政治的炎炎大言，而完全失色。將歷史事實屈就於政治價值之下，也破壞了科學與政治的統一。馬克思主義遂變成對具體現實所做形而上學的解釋。原因是它不再能夠以批判的態度來反思其目標，不知解釋這個目標內在的意義，也無能對目標實現所

遭逢的困難與限制作出適當的評估與調整。其結果為，在先進的資本主義社會中，機械性馬克思主義的唯物口號連吸引勞動階級的注意都辦不到，還想要煽動他們起義造反，這難道不是緣木求魚嗎？

批判性的馬克思主義者聲稱：馬克思解放價值的物化是由於教條主義者粗糙的實證主義產生出來的。為此他們採用黑格爾式或講究文化的作法，不再強調物質的因素，或是乾脆排斥物質的要素。雖然他們正確地指出馬克思主義中非歷史的特質，但他們的努力似乎集中認知論與哲學批判之上，而不涉及馬克思解放價值的重新檢討。就以後期法蘭克福學派研究的樣式為例，只把馬克思對經驗事實的處理等同為科學至上主義或實證主義。對歷史唯物論和政治經濟學中經驗基礎所做的哲學批判，並無法去掉馬克思主義中的非歷史因素。真正的批判性馬克思主義應當對馬克思的政治目標所受歷史條件的規定，作出哲學的反思，並藉社會學的助力精確地重估，為達成這些目標，「客觀的」歷史可能性與歷史限制性，究竟何在。

結論：韋伯與馬克思對話的文化意義

批判性的馬克思主義者對韋伯和馬克思主義的分析，指出問題之所在為兩人對價值、歷史和科學之間的關係之

假定彼此不同所造成的分歧。兩人截然相反的價值與哲學立場產生了極度複雜的認知論的、實踐的、和詮釋學的問題，這些問題不是批判性的馬克思主義者所能解決的。他們的批判既然無法針對韋伯的方法論之理念下手，也不敢直接與完全地挑戰馬克思的唯物主義。儘管批判性的馬克思主義者提出重要的疑問，但是他們有關兩位理論大家的研讀與對話卻始終聲音太小，引不起別人的傾聽。是故對韋伯與馬克思的關係之反思應朝向新的方向、新的議題著手，這是批判性的馬克思主義者至今爲止努力還嫌不夠之處。

　　顯然，吾人對唯物主義或物質主義應該多加考慮。韋伯曾經說過：物質財貨「無情的權力」對現代人生活的支配（Weber 1958b: 181），而馬克思對資本主義商品的崇拜（商品拜物教）導致工人出賣勞力，等於把人物化了，這種對資本主義物化、異化、剝削的批判，更是嚴峻苛刻。物質的和理念的利益之間的關係，特別是現代資本主義中物質利益的角色，提供兩位理論家研究問題的連貫性，也成爲他倆不同意見的出發點。這些都值得吾人進一步深思熟慮。其目的爲對此議題之批判有助於澄清韋伯對馬克思的關係，說不定還可能提供研究的新途徑，俾兩人不同觀點的因素有統合的可能。

　　爲達成上述任務，有必要把每個理論家的研究途徑重

加改造，而做必要的修正。譬如建構新的歷史唯物論，使成為發現新知的技巧（heuristic device）。恩格斯本身甚至曾經說過「我們的史觀主要的是研究的嚮導，而不是模仿黑格爾所建構的〔歷史〕之槓桿。所有的歷史必須新鮮地研讀」（Marx & Engels 1959: 396; *SC*: 392）。儘管馬克思與恩格斯並沒有認真遵照上述的話去指導其研究，或是去「安置他們的學術良知」，但這卻是應用歷史唯物論正確的作法之一。這個新的研究法在於放棄對目的論的史觀之堅持，也就是放棄業已物化的普勞革命與人類解放之說法。

另一方面，基本的物質利益（像食物、住房、衣著等）應該看做是眾多、但又高度分歧的價值與利益當中一項不可輕視的部份。韋伯的歷史分析暗示並非每種的價值與利益都是同等重要的，有些價值與利益還成為另外的價值與利益的必要手段。他承認物質利益的流動對典章制度的存在非常重要，有時更是個人生死榮枯的命運之關鍵。個人數目的眾多，以及常常爭取同樣的物質利益，造成僧多粥少的匱乏現象，因為找不到這類的利益，他們其他的各種各樣之目標就無法達成。現代社會科學的獨立自主意謂在方法論上能夠刺激個人對這些利益適當的感受與意識。人類需要在方法論上承認對於制約價值分析的過程和制約研究問題的選取。使用這種概念可以制衡科學的趨向，使科學不致盲目地為技術官僚的利益而服務。是故，韋伯關於

個人主義、理論的價值關係、價值的多元主義等等的理念也必須要受到相當的修正。

以上對馬克思和對韋伯觀點的修改之期待，顯得稍嫌簡單素樸。要把韋伯與馬克思加以融會貫通，不但困難重重，還可能是做不到的奢望。由於兩人價值取向之不同，由此所產生的基本問題之歧異，無法靠一個方法論的公式來弭平。儘管兩人理論有重疊之處，馬克思與韋伯對啓蒙運動之希望的看法是南轅北轍。換言之，啓蒙運動強調理性在歷史與社會中扮演重大的角色。對此馬克思信以爲真，而韋伯則予以否認。韋伯對啓蒙運動的懷疑，由近期世局的丕變、戰爭的殘酷獲得明證。與此相反的是，批判性的馬克思主義者企圖尋求新的天地，俾復活馬克思人的解放之訴求。馬克思的考察途徑中一旦把目的論的因素清除，則其內容將趨貧乏，甚而其著作的意義將完全喪失。假使歷史唯物論去掉解放的價值，或去掉解放對其他價值（自由、去掉異化、進步等）的牽連，那將不再是馬克思主義，而變成另一類的經驗性、社會學理論。其實這種理論早已存在西方學院式的馬克思主義當中，也被目爲有用的科學工具。但無論如何，這種作法將放棄馬克思的倫理計畫（洪鎌德 1996b）。這種馬克思的倫理觀是鼓舞機械式馬克思主義者與批判性馬克思主義者繼續努力的道德源泉。

韋伯同馬克思的對話牽連到政治的、哲學的和科學的議題。他倆對科學、價值和歷史的看法，反映了啓蒙運動的傳統及其文化追求的熱望之廣泛的事項。第二次世界大戰結束之後在美國興起技術官僚政治的思想，美國人在歡呼進入後工業社會之際，產生了更爲狹隘和幼稚的樂觀主義，因之關閉了對理性與合理行動討論之門。不像韋伯或馬克思處理問題的方式，美國人認爲實質的理性可以從現存的生產和行政體制之技術理性中產生，並擴大至社會各部門。很多右派份子、甚至還包括少數左派份子在內，深信資本主義可以克服其內在的矛盾，而維持繼續的經濟成長。在戰後的美國社會學界裡，馬克思的學說很少被討論過，而韋伯的學說雖被引用，卻是用來支持後工業社會的看法，這事實上與他的理論相反。戰後的繁榮與樂觀的信念（相信科技的驚人發展），不利於美國人對兩位理論家提出的危機問題加以反省。加上學界的氣氛在於鼓勵研究者價值中立，遂把價值與科學兩者的關係完全切斷。科學的問題變成技術過程、客體化的產品，而非負責的、主體的反思之心血結晶。

　　1960年代末期政治的動盪、1970年代多種危機的爆發、以及1980年代初世局的不靖，使後工業時代的樂觀粉碎，於是有關合理性和計畫的爭辯之門重開。在美國社會學中，這種情勢的發展反映在1950年代中期和1960年代初

期功能主義與實證主義所形成的共識之破產，也反映在歐洲大陸興起的新學說：如批判理論之廣受歡迎。此外，也表現在學界對社會學說經典作品如馬克思與韋伯的著作之大量研讀（洪鎌德 1997a：105 ff.）。對兩位理論大師之間的關係與對話的恢復，總算是及時了。社會理論不只是純粹學術理論的工具，也是深植於文化議題的討論手段。討論馬克思與韋伯從來就不是一件價值中立，亦非不涉及政治的爭議，原因是一提起兩位的姓名，便會聯想到他們的志業、信仰與牽連的黨派之關係，甚至引發有關資本主義還是社會主義孰優孰劣的重大爭議。

在馬克思和韋伯的對話中有兩個區域特別值得我們的重視。由於舉世問題重重、危機四伏，因之有關成長、發展、環境和經濟的辯論，亦即物質限制和物質提供的可能性之檢討成爲當務之急（洪鎌德 1997b：335-357）。是故物質主義成爲韋伯與馬克思對話重要的議題。其次，物質的議題又牽連到平等、人權、人的需要之概念上，無法與科學的價值基礎之考慮分開。當然馬克思粗糙的目的論必須放棄，但單純接受韋伯價值多元觀也無法溝通不同的理論。儘管馬克思信誓旦旦要結束人類的剝削歷史，是屬於一廂情願的看法，就是韋伯宿命論式的接受不平等，甚至屈從於財閥的統治，以及他對世紀末社會政治的溝通，也僅提供同樣膚淺而有限的基礎。

至於決斷論（decisionism）[16]與內在批判，在今天政治與歷史情境下必須重加檢討，其原因為它們把價值之議題引進到歷史、科學和政治的關係之研討中，而且成為討論的主題。大家的基本關懷為建立一個新的立場，俾避開技術官僚籠絡和教條式的形式主義之弊端。這個困難的議題要求把馬克思和韋伯的研究穿越與揚棄。韋伯與馬克思的對話之重要性在於引發一個更深更廣的問題，亦即承續啟蒙運動的文化財產之當代何去何從的問題。它涉及了理性與自由的理念能否繼續存活、還是已經夭折的問題。馬克思與韋伯各在其時代中對這類問題作出系統性與挑戰性的處理與答覆。任何當代有關這類問題克服之努力勢須超越這兩位理論大師之作為。這個涉及文化大是大非的職責尚無簡單解決之道，但毫無疑問地，批評韋伯和批評馬克思是走上解決之道的第一步（洪鎌德 1997b：91-104）。

註　釋

1.沙樂門（Albert Salomon）早在1926年的一篇文章中指出，不只在方法論方面，就是在意識形態方面，都促成韋伯與社會主義分家，同時也造成韋伯把辯證法和最終目標，從馬克思主義的歷史哲學中抽離。因之，人們對韋伯這種高度弔詭的立場，只好稱呼他是「布爾喬亞的馬克思」（Salomon 1926: 144）；同樣的說法也見於托庇齊（Ernst Topitsch）

之文章（Topitsch 1950: 262）。

2. 韋伯在「福音社會團契」（Evangelisch-Sozialer Kongress）上發言，主張「階級鬥爭」是工業社會整合的因素，見Mommsen 1978: 109. 韋伯在1896年參加「國家社會協會」（National-Sozialer Verein）創會活動時，談及工人心理解放之必要，便多少暗示他對馬克思原著及庸俗馬克思主義者的詮釋之不同，見Weber 1971: 26.

3 精神溢出說（神溢說）是指世界是由神明豐盛的精神力量流露滿溢出來的產品，這是神創造世界的另一項解釋。溢出的中間經過幾個不同的階段。秘知論（gnosticism）與新柏拉圖主義就屬於神溢說。

4. 教壇社會主義是1871年德國自由主義份子歐本海姆（H. B. Oppenheim）嘲笑19世紀下半葉德國經濟學者企圖推行社會改革運動之諧稱。這些經濟學者主張國家介入社會衝突以減輕階級鬥爭的嚴重性，改善工人勞動待遇與條件，但以不影響經濟功能與社會秩序為訴求。1872年成立的「社會政策協會」（Verein för Sozialpolitik），就是教壇社會主義的組織化、制度化。屬於此一協會的活躍份子有G. Schmoller（1838-1917）、A. Wagner（1835-1910）、L. Brentano（1844-1931）和H. Herkner（1863-1932）等著名經濟學者。

5. 西方馬克思主義，一名歐洲馬克思主義（與蘇維埃馬克思主義有別）、批判的馬克思主義（與教條的馬克思主義有別）、黑格爾式馬克思主義，甚至是非官方的馬克思主義、失敗的馬克思主義，參考洪鎌德1995a：3-4；11-21.

6. 決斷論為討論政策如何製造、決斷的理論，與理性選擇（rational

choice）、決策（policy decision）、決策制定（decision making）等等之決斷理論（decision theory）有關。

第七章　柯亨比較馬克思與
韋伯的民主觀

一個很平常的說法是指稱馬克思厭惡布爾喬亞式的民主，而韋伯則讚揚西方的民主，因之兩人的政治主張完全相反。事實並不是這樣簡單。馬克思誠然對他所處時代的競爭性資本主義大力抨擊，也對德、法、英、美等資本主義國家的民主加以批評，但是他早期醉心的「激進民主」，與後期宣揚的共產主義，卻是一種「實質的民主」（substantive democracy），或稱理想的、規範的民主，而有別於他所經歷與指摘的「代議民主」（representative democracy）。因之，就馬克思而言，對不同形式的民主抱持了不同的態度。至於韋伯雖然對保護民權和個人自由的西方民主頗為賞識，但對民主政治的權力運作所產生的合理化和官僚化相當擔心。因之，在他的著作中顯示對民主化過程與後果的憂慮。他毋寧是對西式的民主發展持疑慮的態度之理論家，而不可視為自由民主的狂熱擁護者（黃瑞祺 1996: 195-197）。

　　為瞭解與比較馬克思和韋伯對民主的看法，本章主要取材自柯亨（Ira J. Cohen）的一篇論文（Cohen 1985），加以譯介，並複述其主要觀點，另外參酌卓拉坡（Hal Draper）、舒瓦慈（Joseph M. Schwartz）、亞威內里（Shlomo Avineri）、孟森（Wolfgang J. Mommsen）、畢沙姆（David Beetham）等人之詮釋，先把馬克思與韋伯各自對民主之看法分別舖述，再把兩人觀點之同異作一簡單

的比較與評析。

馬克思論「真正的」民主

馬克思在早期的記者生涯中，對政治問題有所評論，
也理解政治對法律、經濟、社會、文化、科學、哲學等的
影響。不過這時他談政治、民主、人權、自由卻是以哲學
的觀點來加以析評，尚不具社會學或政治經濟學──社會
科學──的剖析能力。青年馬克思的政治觀建立在他對黑
格爾國家學說的批判之上。黑格爾認爲國家在追求國民公
共之善，也就是追求與實現普遍的利益，這種普遍利益的
追求目的在化除市民社會中私人利益追求所衍生的衝突。
馬克思不同意黑格爾把國家理想化到消弭個人紛爭的地
步，尤其不同意黑格爾把政治國家與市民社會截然分開，
而賦予國家平亂止爭的大權。原因是國家的基礎乃爲社
會，而人群的生存和發展主要的場域就是社會。在社會
中，人經營物質的、實在的生活。反之，國家只是社會的
反映，是社會實況的縮影（有時甚至是其倒影）。黑格爾
式的國家只是類似天堂的幻夢，同社會是世俗化的現實完
全相反（洪鎌德 1986：140-145）。

黑格爾期待國家化解民眾爲爭權奪利而引發的糾紛，
因而認爲有必要把政治國家從市民社會分開出來，他還要

國家高高在上擁有解決問題的權力，以及吸取來自市民社會人群的擁護與忠誠，亦即國家是從社會抽離（abstract）出來。馬克思不認為現代國家擁有這種抽離的能力。反之，近代國家的出現莫非社會勢力爭執不斷、階級衝突綿延不止的結果。易言之，為了防阻社會的分崩離析才有官署、政府、權力組織的建置，才有近代民族兼領土國家的產生。在這種情形下，期待國家實現群眾的意志，落實人民的利益，未免是一種奢望。馬克思認為黑格爾的國家觀是建立在可欲的、希望的、價值取向的規範之上，而非歷史的、經驗的、現實的政治實在（political reality）。換言之，黑格爾的國家觀是價值的揭示，而非事實的陳述。

在批評黑格爾的國家學說之同時，馬克思也討論了「真正的」民主問題。對他而言，「真正的」民主，是指一國的憲法不再是同其社會抽離（abstraction）的憲法。反之，卻是一部由人民自行決定制成的憲法，其精神完全擴散到社會各行各業之中，亦即滲透到人民的社會生活當中（CW 3：29-32；Marx 1970: 29-31）。在「真正的」民主裡，馬克思說：

> 人並非為了法律而存在，而是法律完全為著人的好處而存在。民主是「人的顯現」（human manifestation），可是在其他的政治型態下，卻只有「法律的顯現」（legal

manifestation）....在〔眞正的〕民主中，形式的原則同時就是實質的原則。爲此原因〔民主〕乃是普遍性與特殊性眞正的統一（*CW* 3：30）。

馬克思是把「眞正的」民主等同爲人的存在，這種等同爲他的論證提供最終的辯護。這也就是說馬克思最終的價值在於落實人的生存，而民主正是人這種理想的存在方式（洪鎌德 1995b：100-104）。人的合理存在方式就是人性回歸：回歸到種類本性和種類生活，也回歸到人成爲亞里士多德所稱呼的「政治人」、「社會人」（*zoon politikon*）。要之，恢復人的社群本質（*Gattungswesen*, communal being）（*CW* 3：296；Marx 1963：157-161）。

馬克思主張，人的存在不是爭權奪利的個別私人之單獨存在，而是人發揮他獨一無二的能力，控制其社會生活中的物質與精神的產品，俾在社群和諧、自由與合理的情況下，達成人需要的滿足與自我的實現。當個人的需要和關係依靠社群本質來實現，也證實人爲社群的動物時，人的存在便告落實（洪鎌德 1997c：221-222）。眞正的民主乃是這項種類能力的政治性之概念化，也是種類能力能夠把社會的利益與個人的利益之分辨揚棄，進一步使公私利益融會貫通的生活方式。

在這一意義下，馬克思心目中的眞正民主無異爲他青

年時期所嚮往的「哲學的共產主義」，亞威內里就認為此時青年馬克思的民主觀是建構在人的「共產本質」、人的社群本質之上（Avineri 33-34；洪鎌德 1995b：101-102）。

馬克思早期的著作顯示人的這種種類能力尚未發展完成，這是受到現實政經與社會制度的抑制與束縛之緣故。在現實的生活中，人在市民社會裡勾心鬥角、爭權奪利，也受到「我們社會非人性條件和整個組織」之統治，其結果「人還不是真正的種類動物」（*CW* 3：159；Marx 1963：20）。既然民主為人存在的方式，而現代的市民社會又適得其反，為非人的條件所制約，是故現代社會乃為貶低人性、踐踏人性之「政治的動物世界」（*CW* 3：137；Marx 1979：277-278）。

馬克思的基本心態是對政治的敵視（hostility to politics）。他認為政治是圍繞在階級利益之上所引發的衝突與鬥爭。在他的心目中各式各樣的政府——政體——在「政治上」都是惡的（姜新立 146）。未來共產主義一旦實現，社會不再有任何的階級之存在，自然無階級敵峙與階級鬥爭的出現。在那種無衝突的社會中，新人類不但揚棄了物質的匱乏，也對政治制度的需要和對法律制度的需要一併棄絕。在共產社群中，每個人自由的發展成為社群全體自由發展的條件，在「生產者自由的聯合」下，個

人的選擇與集體決定不會產生齟齬。個人偏好的累積便形成集體的選擇。於是恩格斯所說的「人對人的統治變成了人對物的管理與計畫」便告實現。這就是造成馬克思對民主制度運作的忽視，也是他對民主體制不肯深入考察與思考的原因（Schwartz 104-105）。

　　儘管馬克思有關民主與現代社會之論證都是以哲學的詞彙來說明，但其中也透露了他分析問題的方式與策略。原因是「真正的」民主和種類特徵這些詞彙是企圖設定人的能力，使人有建立社會存在模式的能力，這種能力乃為人類出現在地球之日起便存在的。只是由於典章制度之侷限，此一能力在過去、在現在都無法發揮，只能在未來新社會中才告徹底實現。易言之，馬克思的思考方式與治學策略，不只把事實與價值的對立化解，也把時空的限制打破，他的想法是貫穿古今與未來，不受現實所限制的。

　　馬克思的這些概念（民主、共產本質、社群本質、種類生活等）是內存於他的歷史哲學當中，但同時也形成他對現代社會檢驗與估價的判準。其結果是分析與批判結合在他的研究方法當中，形成一體。他遂主張資本主義社會對人類能力的壓制必將取消，人的能力必將在未來民主的社群中重現（洪鎌德 1996c：60-64）。在這種說詞之下，馬克思斥責現行憲法對人自由的保證，認為這只是人表面上、法律上的自由保證，以及個人權利之保證，並無法使

人進入真正自由之域。這是與未來共產主義社會落實的社群民主明確對照的。在馬克思對資本主義社會的分析與批判當中，我們發現他的論證常有增大與轉變的地方，獨獨在策略方面，仍遵守這種一面分析一面批判，或稱分析與批判同時進行的研究策略。例如他早期集中討論異化現象，壯年以後改強調剝削的問題，顯示研究重點之轉移，但在研究方法方面，仍舊採用分析與批判雙管齊下的策略。

馬克思論異化與異化的袪除
──未來共產主義的社群觀

馬克思異化的概念是在他從對黑格爾的批判轉變到對政治經濟的批判之過渡時期發展出來的。此一時期中勞動和階級變成他思想中分析的主要對象，這時他已不再談「真正的」民主。但這並不意謂他放棄了對民主社會的關懷，因為在民主社會中個人的利益和公共的利益是合而為一。在＜詹姆士‧穆勒《政經元素》評論＞（1844）的註釋上，26歲的馬克思寫下四點涉及未來社群生產中的社會關係，就說明異化同未來民主社會之關連。未來社會個人的四種社會關係分別為：(1)生產者的個體性在其產品中「客體化」（objectification）；(2)由於其產品可以滿足別

人的需要，使生產者「喜悅」、「滿足」（gratification）；
（3）在此基礎上社會關係的進行意涵人人的相互性與「互
補性」（complementarity），亦即人人相輔相成；（4）生產
者的「人的社群本質」得以「證實」（confirmation）（*CW*
3：225-228）。亦即最後的一點再度確認馬克思較早時間
中所關懷的真正的民主如何落實的問題。這四點不同於早
期的異化及其克服，而是把勞動的重要性注入未來社會的
生產中，用勞動關係的更新來促成民主理念的實現。

這種鋪述與分析無疑地構成馬克思早期共產主義的社
會觀。但它與「真正的」民主之看法並不背離。儘管共產
主義的理念範圍更為廣闊，涉及面更多，但當代馬克思詮
釋者像亞威內里、紀登士（Anthony Giddens），都持一致
的說法，認為馬克思心目中的「真正的」民主與共產主義
是指涉同一制度。由於今天人們一提共產主義，便想到前
蘇聯、東歐與中、韓、越一黨專政反民主的極權制度，為
了避免思路的混淆，柯亨建議把馬克思終極關懷的共產社
會當做「共產主義的民主」（communist democracy）來稱
呼（Cohen 238）。

事實上，馬克思在上面所提到在「共產主義的民主」
當中的四種社會關係，同他早些時候所提的人類的四種異
化──(a)人從其產品異化出來；(b)人從生產過程異化出
來；(c)人從其工作夥伴中異化出來；(d)人從種類特質異

化出來（*CW* 3：275-276）——有相互對照、互相補充的作用。就像早期使用「真正的」民主概念一樣，未來生產的社群關係變成一種判準，用以對照當今資本主義下社會關係備受壓迫的特質，異化成為對人能力的壓迫，對人類無法經營社群和諧生活的能力之壓迫。

馬克思認為，人經營共產主義的民主和發展這種民主之社會關係的潛勢力，是內存於人性之中，也是牽涉古往今來全體人類的本質，是故異化被解釋為對這種能力的壓制。既然人人都有此能力，則人類要從這種脅迫中解放出來，不能只限於普勞階級，也包括布爾喬亞在內，因之馬克思說：

　　資產階級如同普勞階級都呈現著人的自我異化。但前者卻把這種自我異化當成是其〔階級存在的〕證實，當成是其好處、其權力。〔原因是〕它只擁有人的存在之外表幻象。〔反之〕，普勞階級在其自我異化中感覺其滅絕、其無望。在其中它看出其無奈無力，同時視實在為其非人的存在（*CW* 4：36）。

因之，儘管異化對當代兩大對立的階級而言，都是人存在的否定，但兩大階級的感受完全不同。布爾喬亞把人的自我異化看成其得天獨厚的權力，因之，對這種表面上

的、膚淺的人之存在持肯定的態度。反之,普勞階級把自我異化看做其存在的否定、希望的滅絕,也是真正無力感的根源。異化的無產階級之非人的存在,也就是馬克思前面所提及在市民社會中「政治的動物世界」。這兩種表述的方式顯示,追求民主的關係之人的能力,在資本主義的社會中受到壓制。

把馬克思對四種異化的闡釋拿來同他對未來社群生活的四種關係作一比較,便可體會其相關或相似之處:人從其生產品中異化出來,顯示人無法以其產品來滿足別人的需要,也就是人不再高興他可以幫助別人獲取滿足(2:a)。從勞動過程異化出來,表示人在其生產品中個體性的客觀化遭受壓制(1:b)[註]。人從其工作同夥中異化出來,乃是對社會關係的互補性之壓制的結果(3:c)。人從其種類特質異化出來,則是人透過勞動對社群本質的認同之遭受壓制(4:d)。要之,上面兩組(1至4;a至d)的事項剛好呈現針鋒相對和完全相反的情況。結論為:普勞階級目前的異化,乃是他們在未來共產主義的民主之下,應有的社會關係經營能力之顛倒,是他們能力的否定。

馬克思由異化的概念轉變到剝削的概念,是當他完全浸淫在政治經濟學的研讀和對於價值的分析之後才發生的觀念之轉移(洪鎌德 1997c:288-290)。這也是他對共產主義的民主之社會關係看法有所改變之後。一方面人的種

類能力之理念逐漸在其歷史哲學中潛隱，也在其普勞革命的「目標」（telos）中消退；另一方面，他對後資本主義的社會，開始引進新的概念：「自由的領域」。自由的領域取代勞動過程本身成為他討論的重點（洪鎌德 1996c：34）。儘管有理論焦點的轉移，馬克思念茲在茲的是認為社會關係民主化的實現是可能的（Rattansi 177）。因之，這種對未來社會之嚮往提供馬克思一個根據，以作為對資本主義之剝削勞工的揭露與批判底標準。為了便利批判，只好全力討論生產的密集和加強（intensification of production）之問題。

　　資本主義密集和加強的生產增大了對剩餘價值的搾取。可是依據馬克思的觀點，人類需要的滿足，如以使用價值而非以交換價值加以衡量的話，則社會無須消耗性地擴大生產的產出（output）。一旦資本主義的剝削停止，那麼「社會化的人，也就是聯合的生產者，將能在理性的方法下有效控制人與自然的新陳代謝，在集體控制之下處理新陳代謝，而不必再受後者的宰制，如同受盲目的力量宰制一般。在花用最少的能源，也符合人性的條件下，人能夠完成這種與自然交易之事」（C 3: 959）。其結果，人所有的需要能夠得到滿足，同時人在必然的領域、勞動的領域之外，創造了一個自由的領域，在此自由的領域中人力量的發展成為最終的目標。

由於資本主義並不在工人控制範圍之內，上述這些普勞階級追求的目標無從落實，資本主義成為普勞階級的夢魘，完全相反的東西。剝削一旦加強，馬克思說：

> 生產發展所有的資料變成了工人遭受控制與剝削的手段，它們把他〔工人〕扭曲為人的碎片，它們把他踐踏成機器的附屬品，它們把他勞動的內涵轉化為虐刑，它們把他的勞動過程中知識的潛能加以異化…它們把他工作的條件變形，在勞動過程中屈服於令人痛恨的暴政之下（C 1：799）。

就如同在異化的情況下一樣，資本主義剝削的加強之結果，剛好同馬克思心目中的共產主義的民主截然相反。馬克思對資本主義下工人被剝削的處境，做了簡單的結論：「個人們屈服於形同宿命（Verhängnis；fate）的社會生產之下，可是社會生產並不屈服於諸個人之下，〔本質上諸個人〕他們〔應該〕展示其社群的能力來進行對社會生產的調控」（G 76；*Grundrisse* 158；Marx 1971：68）。

值得注意的是，馬克思把現代人進行社會生產當成人的命運、或宿命，這點似乎為韋伯所承續，後者也強調理性、合理化的擴張造成現代人受到命運的撥弄，而必須生活於「鐵籠」中。

綜合上述，我們不難理解，無論是在記者生涯時期對憲法保證的人身自由之抨擊，還是流落巴黎時期談異化，還是其後流亡比利時與英倫時期指摘資本主義的剝削，都可以看出馬克思心目中完全的、實質的民主制度（理想的共產主義社會）是他用來批判現實的資本主義體制壓迫性的特徵之尺度。馬克思這種把事實（資本主義的分析）和價值（共產主義民主的憧憬）混為一談的策略，固然是銳利無比，卻對資本主義社會朝向民主化的趨勢，缺乏正面的評價。問題的關鍵為建立民主的能力需要社會關係的和諧，特別是能夠把個人與社會利益調和合致（把個人的好處變做集體的好處）。只有藉著社會關係和諧的先決條件，才能衡量民主化的程度，以此標準來比較如何採用德目的潛能，俾為建立人類行為的道德屬性作好基礎。但無論是社會關係的協和，還是道德標準的建立，我們卻發現馬克思的策略不但沒有接近這項理想，反而偏離這些要求。

在某一程度內，馬克思這項策略是造成他理論深度不齊一、不對等的原因。這就是說他在處理異化與剝削方面的分析較為深刻，但在為普勞階級革命運動方面的舖述則較為淺顯，以致後者的處理與理論的發展不成比例。就目的論的觀點來看，馬克思假定、而非證明，普勞階級的革命實踐將會實現共產主義的民主，蓋此一民主乃為資本主

義內在的、相反的、顛倒的體制。可是一旦把這個歷史哲學擺在一邊，便會造成一種印象，而認為無產階級被資本主義的壓迫所徹底打垮。這也是何以馬克思說工人對異化的感受為滅絕的、潰敗的原因，以及何以增大的剝削使工人被扭曲、被踐踏，而屈服於資本主義，如同屈服於命運底原因。

將普勞階級的悲慘情況，以上述的形容詞（被扭曲、被踐踏、屈服於命運）來描寫，反映了馬克思所處工業化初期的社會實狀。但在20世紀的下半葉，這些情況已有重大的改變。儘管實質民主的革命之形塑未見影蹤，勞工運動卻成功地建立起對抗資本主義進一步壓迫的保護牆。民主運動這些正面的成就需要加以解釋。但馬克思過度關懷普勞異化與剝削，卻壓抑了民主的社會關係之潛能底發展，從而對上述的解釋毫無助力。事實上，馬克思刻意抹煞勞工運動的重要性，原因是後者與他激進的共產主義之民主理念相違。這種情況也表現在馬克思對待代議民主的心態之上（Cohen 280-281）。

馬克思抨擊代議民主

有關代議民主，馬克思比較廣泛的論述可在他對黑格爾法律哲學的批判中發現。對黑格爾而言，代議政治是市

民社會中個人的利益同國家追求的整體的利益之中介和協調。馬克思反對這種論點，因爲政治的代表——代議政體——並不會觸及市民社會裡頭的社會關係，這是由於代議者只追求其本身的利益，而很少顧及民衆的權益，從而使個人利益和公共利益的調和成爲不可能（*CW* 3：49, 50, 63-65, 128；Marx 1970：64, 123, 126）。

正如前述，青年馬克思所主張的「眞正的」民主，在於解決個人利益與普遍利益的衝突。「眞正的」民主是把市民社會和政治國家融合爲一體，只要兩者合爲一體，那麼代議的旨趣便可以揚棄了。馬克思說：

> 在這種〔合一〕的情況下，代議的權力失掉了代表與代替的權力之意義。在這裡代議作爲一種代表，就像每一功能都有其代表同一情形。例如鞋匠是我的代表，只要他能滿足〔我〕的一個社會需要。這就像任何一椿社會活動一樣〔具有代表的意義〕，原因是它是一種〔人的〕種類的活動，它僅僅代表種類（*CW* 3：119）。

立法的代議制僅僅是社會關係中相輔相成的一個政治面向，這是內在於他心目中的眞正民主體制當中。馬克思對代議制做如是觀，成爲他分析與批判政治代表制的現代形式之基礎。在代議制之外，他的批判還擴張到普遍選舉

權和全民投票運動。馬克思承認在這個發展裡頭隱含的一個原則是認為國家才應該代表全民的利益。誠然能夠推行全民投票與普遍選舉權標誌國家形式比從前大為進步（*ibid.*, 121）。不過只要市民社會仍舊是人群物質利益爭奪的場所，而非一個民主的共同體，那麼國家作為全體的、普遍的利益之代表者底原則便無法實現。是故，取消以財產之有無或多寡來限制投票權，並無法建立主權在民的民主原則。反之，現代「國家……容許私產、教育、職業按其特殊方式來發揮作用……也就是表現了上述各種事項的特殊性質。〔國家〕不但沒有把這些事項的分歧化解，國家反而是以上述事項〔私產、教育、職業〕的分歧為其存在的先決條件」（*CW* 3：153）。

馬克思在其後的政治與歷史著作中，對代議的政治過程有廣泛的討論。有時他也會贊同議會制度與普遍選舉權，俾促進普勞階級革命的發展（*CW* 11：335）。此外在《法蘭西內戰》（1871）中，馬克思提及從資本主義轉型到社會主義的過渡期間設立一最起碼的、民主方式控制的國家乃屬必要（*CW* 22：331-335）。不過，一般而言，他對代議民主採取指摘的態度。例如他抨擊德國小布爾喬亞階級傾向於制訂民主憲法，把德國建構為一個民主的聯邦。雖然此舉對革命運動多少有推波助瀾的功效，但卻看不出這種努力能夠產生更具重要意義的民主國家（*CW* 10：

279-281）。

在〈哥達綱領批判〉中，馬克思也採取同樣的立場，他認爲德國工人（社民）黨要求普遍的選舉權和直接的立法，不過是民主的「老調重彈」。原因是這類的要求一點也碰觸不到布爾喬亞的國家之根基。德國工人黨應致力的是把國家轉變成自由的國家，所謂的「自由存在於把一個壓迫社會的機關轉變爲完全屈服於社會之下〔爲民服務的機關〕」（*CW* 24：94-95；Marx 1983: 549-550）。就像對黑格爾法哲學的批判一樣，馬克思把國家與社會的對立之化解，當做他評價民主化運動的判準。

顯然，資本主義社會的國家結構限制了它對勞工剝削的阻擋，這就是何以馬克思對代議政治加以排斥的原因。儘管代議政治的運作常是替資本家服務，增大其利益，但20世紀的代議體制是建立在普遍選舉權之上，在很大的程度內是工人階級對抗資本家壓迫的奮鬥之結果。馬克思無法預見代議制度帶來的政治鬥爭，以及經由國會中政黨的爭衡爲勞工群眾帶來的福利，這是他對代議民主缺乏信心的基本原因。

馬克思觀念中的民主弔詭

對於未來共產社會實質的民主之嚮往，貫穿馬克思一

生的所思所言所行（洪鎌德 1996c：12-16）。就在這種偉景（vision）、或憧憬的基礎上，馬克思認為資本主義是以各種方式各種作法來壓制和阻礙社會，儘管它虛有其表地標榜其社會或國家為民主的、為自由的。弔詭的是他對實質民主的承諾與對現實民主的批判，使他無從客觀地分析近代西方社會的民主化底趨勢。

馬克思對西方民主的低估是因為他預想一個新的社會可以被創造出來，在其中社群的和諧居於主導的地位（洪鎌德 1997e: 253-289）。這種實質民主的理想之完全落實是要依賴一個先決條件：社會能夠化解制度的和人際之間的權力之不平衡。雖然這種先決條件在原則上頗具說服力，可是在當代的社會要付諸實行卻困難重重。在西方要把龐雜的制度加以協調，便產生了權力分配與運作的問題，而此一問題幾乎一點也不觸及共產主義的民主下人的能力之主題。像馬克思那樣只懂批判資本主義對人的能力之壓制，就提不出未來社會管理、協調、策劃的藍圖。易言之，他既然對共產社會的權力運作完全不加論述，怎樣能夠為未來的民主社會舖下堅實的基礎呢？既然未來社會必須牽連到權力的運作，則任何理想的共產主義的社群也必須保障人民政治參與的權利和代議民主的機制，這是西方傳統遺留下來的體制，是不容抹煞。但馬克思卻忽視了此一傳承的重要性。

卓拉坡（Hal Draper）認爲馬克思把民主要求的政治邏輯推演到其極端，因而乃與布爾喬亞的民主正面衝撞（Draper I：58）。無論如何，這是指對實質民主的未來可能的落實之誇張性的強調。假使我們仍舊認爲馬克思有關異化與剝削的分析是現代社會理論發展的重大來源，假使我們依舊認爲社會主義的社會之形成是人類希望之所寄，那麼馬克思對民主的低估與理論的欠妥將是一樁亟需檢討之事，其作品不適切之處構成了對當代學界的重大挑戰。我們要發展出擴大民主化的理論和權力運作的理論，並應用這些理論當背景、當基礎，俾分析民主落實的條件和辨認民主化途徑中的障礙（Cohen 283- 284）。

韋伯論西方民主

當馬克思對未來共產主義的實現極爲樂觀，而深信民主最終的落實是歷史發展的必然之際，韋伯則對這種的預測不感興趣。他倒十分擔心，他所處的西方社會造成民主化路途的坎坷不平，阻礙橫生。這樣的說法並不意謂韋伯排斥民主議程上所牽連到的社會的德目（諸如公平、自由、安富、尊榮之類）的追求。事實上，韋伯的政治著作透露他終身的奮鬥，也就是他掙扎在兩項可欲之間：一方是自由主義和民主的嚮往；他方是德國民族主義和德國國

際權力地位的追求。他置身於這種價值與目標的特殊情況中，是與俾斯麥之後德國政治與社會局勢的變遷息息相關的，以致在韋伯的政治作品中不能不析論後俾斯麥時代的政局發展、經濟走勢和社會趨向。

　　同馬克思迥然有別的是，韋伯並沒有一套分析和批判的理論架構，沒有一套把事實與價值混爲一談的玄想，沒有治學策略，沒有一套唯心或唯物的歷史哲學。但這並不意味韋伯排斥將價值置入其研究的對象和方法之中。剛好相反，他主張每個學者所以選擇某一研究主題，其研究的動機就是對特定價值的承諾。因之，韋伯價值關連的主題，爲對西方社會愈來愈趨向合理化（rationalization）的注視，以及非人身的（不涉及個人身份或人際的）、不講究好壞善惡之非道德的（amoral）、形式的合理（rationality 理性化），如何滲入西方文明的社會生活之每一部門底考察（高承恕 38-45；109-114；155ff.）。在考察西方社會合理問題之背後，隱藏著他價值取向的研究動機，那就是他對個人之獨立自主的關懷以及承諾（Löwith 1993）。這種分析西方合理性（理性化）的主題雖然涉及民主的社會兼政治的關係，但卻無法提供分析的設準，來說明他對民主前景之黯淡底看法。

　　基本上，在方法論方面韋伯避開大而無當的、包天覆地的寰宇性原理之提出。不過，在他的著作中，倒有幾項

假設含有寰宇性的意味。所謂寰宇性的特質，就是放諸四海而皆準、俟諸百世而不惑的原則。這表示不容許有異例（例外）的情況發生。不過在歷史的變化中，卻容許這類原則、設準、假定有不同的面目與形式之出現，而非固守其本質。在韋伯的分析觀點裡，我們可以找到兩項設準同民主的考察有關：其一為演化天擇造成的不平等；其二為菁英的宰制。

首先，由於物競天擇，優勝劣敗，基於生物學與社會學的標準，社會秩序不是平等的，而是不平等的。亦即社會的結構就是一種不平等形式的結構，韋伯說：

> 選擇是無可避免的，因為至今為止似乎尚無消滅選擇的方法底出現。就算是嚴格的和平秩序也只能把衝突的手段、或把爭執的目的物與衝動只做部份的消除……就算是烏托邦式的假定人們可把所有的競爭徹底消除，情況仍會走向潛在的競爭的過程，在競爭過程中適合於條件者將會脫穎而出，不論他的本領是遺傳還是得自於環境（Weber 1968b：39）。

由於每個社會中無法抹煞的社會衝突隨處俱在，選擇的因素使得某些形態的人蒙受利益，他們藉機爬到優越的地位之上，而在發號施令（Weber 1949：27）。

其次，韋伯的第二項設準涉及宰制結構的無處不在。
他說：

> 毫無例外，社會行動的每一部份是深刻地受著宰制
> （優勢 dominancy）的影響。從不具形態的、散漫的社會
> 行動逐漸浮現為合理的組合的一大堆例子中，可以看出
> 這種合理組織的浮現是得力於優勢，以及在團體中這種
> 優勢的主導作用促成的。就算是情形並非如此，優勢的
> 結構仍舊決定性地規定了社會行動的形式，以及它怎樣
> 朝「目標」取向〔定取方向朝向目標〕（Weber 1968b：
> 941）。

所謂的優勢、或宰制是指涉權威性的權力（洪鎌德
1997b：214-219），它在統治者與被統治者之間建立起一
種命令與服從的關係（吳庚 60-77）。雖然韋伯並不刻意把
宰制的結構視同為不平等的結構，但很明顯兩者還是有關
連，那就是說選擇（天擇）的過程，使優者、適者可以躋
身於社會結構的領導地位之上。

韋伯對這兩項設準（物競天擇造成的不平等之必然
性，以及宰制的結構無處不在的情形）所加以說明的絕對
性描述，其重要性不言而喻。這兩項設準在韋伯的著作中
尚沒有其他的設準（譬如和諧的社群關係）可以與之匹

敵，與之相提並論。事實上，韋伯認爲就是在一個和諧的社群關係中，天擇是必要的，壓制也是普遍的現象（Weber 1968b：42）。在社群、或其他組織緊密的團體中，藉由協商所構成的同意之秩序（consensual order），只有在成員自動自發的同意下，才能成立和維持。其他型態的集體中，維持社會秩序，便要靠上下尊卑的統屬結構（hierarchy）之發揮作用，由優勢者、強力者將其意志硬性加在忍讓的、妥協的、服從的成員之上。例如一國的憲法或一個團體的會章就是在標明特殊的限制，在此一限制範圍內，行政人員與群體成員（公民或會員）可以發揮其權限和展開活動，而供領袖的指揮驅遣（ibid., 50-51）。

韋伯談民主離不開上述兩項設準，這與馬克思憧憬的未來共產主義的民主之另一設準—— 和諧的社群生活——如何來加以比較是一項困難之事。既然兩人在方法論設準上有重大的歧異，在內容上又有研討對象重要的差別，則他們兩人對西式民主的析論之不同，就毫無令人驚訝之處。儘管兩人對實質的民主有這樣重大的差距，他倆對西方民主發展的低估倒是相同。韋伯在論述政治生活時，他使用其理念類型來衡量西式民主，他與馬克思犯著同樣的毛病，就是對現行的民主體制及其運作產生的後果，只看到負面的部份，而看不到其正面的意義。

韋伯視代議民主的特徵為宰制與不平

　　比起馬克思來，韋伯花了更多的心力去考察代議民主的結構與過程。在1960年代與1980年代之間英美德學者有關韋伯民主觀與政治觀的詮釋，集中在他普遍性的兩項設準——不平等與宰制——之檢討。引發這種想法的源泉，可以溯及到韋伯對直接民主一概念的析述（Weber 1968b: 289-290; 948-952）。所謂的直接民主是指一個規模較小的團體中，指揮權操在其成員的手中而言。不過這種直接民主仍舊會面對一些組織性的問題，包括團體內不平等的現象和部份人擁有優勢的問題。即便是該團體規模極小，仍需把決定權交給部份選定的「執事」（officials 官員、幹部）。以民主的方式來控制執事，只有當這類的控制是簡易明白之時。一旦涉及專門性的技巧，而需要技術專家介入時，這種以能力為基礎所造成的不平等，遂逐漸引入團體之中，這對民主的權力運用構成威脅，一旦團體內成員的人數增加至幾千名時，行政的主宰與優勢是無從避免的（*ibid.*, 291）。

　　對專家與技術官僚的需求，向非直接民主中從不平等走向優勢宰制的重要原因。經濟的分歧化也產生同樣的結果。其原因為經濟力雄厚的人擁有財力與時間參與公務，甚至取得管理層的重要職務，這也是秀異份子（notables）

進行統治的因由（*ibid.*, 949），也是財閥操縱政治的原因。

　　技術官僚和經濟兼社會地位優越者所形成反民主的影響，會隨著團體規模的擴大，增大不平等的上下統屬結構。一方面在不平等擴大之後，對管理層地位的爭取與控制造成得利者與失利者之間的衝突。其結果政黨、派系逐漸形成，彼此競取團體中的主宰與優勢。另一方面，隨著團體規模的擴大，行政機構也水漲船高，聲勢膨脹，而更需有能力的技術官僚之入伙引進。韋伯遂主張：大規模行政組織一旦出現，民主的意義有必要重新界定（*ibid.*, 951）。

　　現代國家擁有龐大的行政組織，對公共政策的控制已無法靠輿論與代議制度的監督便可以完成，因之在韋伯以理念類型來勾畫現代民主體制時，便發現其中充滿反民主的傾向。易言之，反民主的趨勢出現在代議民主的體制中。儘管韋伯指出代議的五種型態，只有兩類可以應用到現代國家當中。這兩類的代表制其代表性由壓力（利益）團體來執行。這種形式的代議制與涂爾幹所論述的國會中對行業、組合的代表制可說是旗鼓相當的。在以公司行號和組合（corporation）為主的政治組織中，階級的不平等和敵對促成議會中的衝突大於和解，也大於協商（*ibid.*, 297-299）。在這種情況下，如何選舉國會代議士成為現代

政治代議制的主要特色。代議士的自由意謂不再受選民的頤指氣使。馬克思則視代議士逸脫選民的直接控制為反民主的作法，特別是當議員轉而維護統治階級的私利之時。韋伯也同樣強調政治代議制中阻礙民主的潛勢力之滋長，但其討論卻集中於政黨的官僚活力之上。

如同米歇爾提出「寡頭壟斷鐵律」一樣，韋伯也談及「少數人得逞的規則」（law of small numbers）。其要點為在國家範圍內追求優勢的地位會造成政黨結構無可避免地官僚化。此外在管理這些政黨的利益追求時，靠政治維生的政黨精英必然投入協調的工作之中（*ibid.*, 957; Weber 1946: 86）。

少數人得逞的規則透過對知識本領的專家技術人員之徵召與篩選程序，而建立起政治的領導中心。政黨官僚化愈向前推進，領袖獲利愈大，政治專業人員愈能控制黨的機器（*ibid.*, 1131）。因之，韋伯在政黨組織及其與公民之關係的敘述中，一再強調不平等與宰制之存在，也就無足詫異。在政黨的各種形式中，韋伯說：

> 一直存有一群人所組成的核心團體，他們對黨的事情積極指揮，包括黨綱的草擬和候選人的甄選在內。此外總有一些黨員他們的角色比較消極，最後則是公民大眾，其角色只有在選舉中成為諸政黨爭取選票的選眾。

他們只能在不同的政黨提供的政綱與候選人中作一選擇（*ibid.*, 287-288）。

　　政黨構成選擇性不平等的特例，此一不平等可以說是集體性地主宰國家與被統治者之間的關係。政黨的存在把代議民主的過程倒置過來：代替著指揮公共政策，公民與黨員的權力被減縮到只能回應政策，和被動地去選擇黨菁英所提出的候選人而已。韋伯一度指出投票者終於淪爲「客體物」，只有在選擇的時候，成爲政客討好爭取的對象。另外他又指出當選的代議士變成了政黨菁英的「僕人」（*ibid.*, 297）。

　　韋伯認爲競選活動是代議的民主過程之逆轉——民主過程之顚倒。競選的花費和穩定政權的需要，排除了經常舉辦選舉和公民投票之可能性。在選舉過程中，能夠吸引投票者注意的事項不再是政綱的特出與候選人的秀異，而是廣告與宣傳的花招，與政客的譁眾取寵之本事（*ibid.*, 288）。由於競選費用大增，一般政黨的財源對黨務的影響趨向均等，這時「隱密的財閥政治」（crypto-plutocracy）權力分配終告產生（*ibid.*, 989）。換言之，財閥會介入政治，依靠其財大氣粗以金錢換取權勢。

　　國家政策的形成裡頭，立法機關的角色值得吾人注意，蓋在政策制定中不平等和宰制的新情勢進一步妨礙了

代議民主的推行。國家行政機關的首長變成了官僚的精英，它利用行政機關之不可取代性，利用其技術上的專門知識與本事，以及對國家機密之控制，使他們凌駕國會之上，而增加本身「純權力的利益」。不管各國的立法機關有何特殊的組織形式，在與擁有各種資源的行政首長抗衡時，常居劣勢，蓋國會爲一配備差勁的機關之緣故。

唯一能夠有效制衡官僚精英對國家政策的宰制，而又同時對政策形成的民主渠道能夠善加運用的人，爲凱撒型的國家元首、或稱魅力領袖。雖然這類領袖人物的魅力訴求能夠鼓動輿論與最終贏取黨派的支持，但是把他這種訴求當成民眾權益的代表性之來源，卻是困難重重。儘管立法限制的叢結不易紓解，魅力領袖對群眾的領導大於他被群眾所領導（ibid., 267-269；132，Beetham 266）。關於魅力型領袖與群眾的關係這一點，韋伯的論述是在他提及政治人物的責任倫理與最終目的時，方才強調了領袖決策的自主性（Weber 1946：120-128；吳庚 63-69；108-111）。

前面的敘述在於凸顯韋伯對代議政治的分析是符合他有關不平等的普遍存在與宰制的結構隨時發揮影響之兩條設準。韋伯藉理念類型來析述代議政治，使他堅信一般民眾對政策的形成無置喙的餘地。除了凱撒型的魅力領袖尚能夠制衡政黨菁英，及其背後的財閥和行政官僚之外，沒有其他可行的辦法來伸張公民參政的權利。是故在其鉅著

《經濟與社會》一書中，沒有任何的篇章用來討論公民對國家大事有效參與或干預之處。如果用來與托克維爾（Alex de Tocqueville 1805-1859）[12]或馬歇爾（Thomas. H. Marshall 1893-1982）[13]有關代議政治流程的強調做比較，則韋伯觀點的侷限乃至討論的疏忽就十分清楚（Cohen 289）。

韋伯論實質民主遭逢的困境

由於不平等和宰制的現象造成規模較大的社會底社群的行動和同意不易施展，是故在韋伯的分析中實質民主實現之希望不大。他這方面的析論，也不佔據重要的地位，連他關於生活層面的多樣化便利個人自由的擴大，也是在不涉及實質民主的情形下進行研討。這種自由是指個人在特定的社會圈中參與活動之自由。不過，一旦行動者作出決定，他的自由便會受到重大的限制。韋伯在法律社會學中討論統治權威的正當化與社會公道的要求時，他集中檢驗國家的公務推行是否會在形成公共利益與追求群眾的利益。在他析論中指出國家運作所遭受的種種限制，因而他的說法都語含保留。顯然社會與政治關係之民主化所遭逢的重大阻力來自於不平等和宰制的現象，這是資本主義的經濟和官僚化國家所引進的現代社會之特徵。

韋伯說，資本主義是「現代生活中最宿命（致命fateful）的因素」（Weber 1958a：17）。其原因為資本主義所產生的階級情況「變成對每個人都清楚明白的因素，用來決定每個人的命運」（Weber 1968b：953）。階級的情境包含不同的生活機會，這類的機會透過在勞動市場與商品市場的競爭而分配給不同的諸個人。由是可知，勞動市場與商品市場是促成現代西方社會不平等的出現最重大的因素。易言之，市場變成影響個人生活機會的最主要的來源。

　　儘管韋伯對階級的定義有異於馬克思，但他仍舊同意基本的分辨在於擁有資本的雇主階級與被雇傭的受薪階級。在公司、行號或企業中，階級的不平等轉變為主從的宰制關係（domination）。儘管勞動者享有訂立與解除勞動契約的自由，宰制關係到處可見。一般而言，工人接受與拒絕契約的自由是受到他們緊迫的經濟需求所嚴重限制的。因之，雇主普通都要求工人遵守契約上明定的勞動條件，「要嗎接受而受雇，要嗎棄置而另就；悉聽尊便」（*ibid.*, 729-730）。一旦接受聘用，工人必須遵守嚴格的規律。韋伯對進步形成的工業紀律之描述，像他所說「科學的企業管理」與馬克思對異化的分析頗為相似（*ibid.*,1156）。韋伯也響應了馬克思的看法，認為普勞階級是屈服於形式上合理的資本主義企業底非人身的、「沒有

主人的奴役」之下。

　　儘管韋伯經常以輕蔑的口氣談社會主義政黨及其政綱，但他也提出幾項手段給工人來對抗資本主義雇主的壓迫。令人十分詫異的是卷帙浩大的《經濟與社會》一鉅著中居然沒有提及工會的功能與貢獻，也不語及罷工，或其他工業行動。唯一出現在韋伯此一重要作品有關工人抱怨紓解之方式為要求司法機關回應普勞之要求，明定法條指明「社會正義」為文明社會最基本、基礎性的原則（Weber 1968b：886）。這種要求常常可以澄清法律條文與裁判的表面上合理、但卻非道德（rational amorality）之作法，不過此種要求的實現倒不一定對工人階級的好處有所裨益（ibid.,893）。就算法律程序簡化（不講究繁文縟節）的地方（像英國的普通法），法律專業之利益與訴訟費用的高昂，使貧苦的工人之怨氣無法宣洩，正義不得伸張。這當然不是說工人的司法正義要求全部得不到回應，只是說正義伸張的機會常遭受限制。

　　在勞動市場之外，官僚國家為另一項的社會圈，在其中不平等與宰制限制了有效民主利益的形成與發展。不平等出現在兩個層次之上：其一為官僚菁英，其二為國家與社會之分辨與對立。首先，在國家的行政機關中官僚菁英依賴其技術的與政治的才能獲取大權，有如政黨中的領導一樣（ibid., 960-961）。這裡的統屬關係更為明顯，也就是

低級公務員完全服從高級公務員的指揮，接受其監督，執行其命令。其次，官僚國家與受其治理的社會這兩者的分別，造成統屬關係的突顯。非常弔詭的是統治關係有一部分是因為要求民主化造成的結果。

韋伯承認人權的信念已滲透到西方政治生活的每一方面與每一部門。因為遵守人權的承諾之鼓舞，擁護民主化的人士贊成對社會兼經濟特權的限制，也糾正國家行為之偏差。這些要求轉變成權威行使的抽象性日常化或慣常化（abstract routinization）。權力行使的慣常化強化了國家的官僚勢力，使其更為官僚化（ibid.,983）。其結果造成那些要求國家提供服務的公民，其社會與經濟地位的歧異被一刀「砍平」（level）。這意思是官僚對待平民的求助，是不認其出身地位，一視同仁，秉公處理。因之，韋伯說：「我們必須經常記住『民主化』一詞會產生誤解，有誤導的作用。作為渙散無形的群眾之人民（the demos）本身從來都未曾統治過大型的組合體，反而是始終被統治」（ibid., 984-985；226）。

對於上述的說法，韋伯指出不是沒有例外。例如民主人士要求官署避免任意不法的權力行使，有時會產生改選官員的呼籲。這種改選可以修正官僚上下垂直的統屬結構之僵硬，但只有當改選的程序是有利於被統治者希望與權益之時，民主的意涵才能落實，不過一般情況是候選人都

向政黨的菁英輸誠。即便是情形有異，獲選的官員由於技術經驗不豐，而要求行政改革，這種要求的實現只有靠下次主政的政黨來支持，其結果增強了現任行政官員在未來續聘的機會，也強化了他們對執政黨的依賴（*ibid.*, 960-962）。

固然官僚對民眾的福利念茲在茲，表示關懷，但究其實，在衡量民眾的權益與官僚本身的利益時，只有當民眾的利益與保護官僚本身的地位與維持公共的和平不生衝突時，才會獲得官僚的重視，而加以考慮和加以處理（吳庚81-102）。

談到正當化（legitimation）的概念時，我們似乎發現它與韋伯所言統治者宰制被統治者的概念相矛盾。原因是這樣的，既然人民心甘意願接受法律規範的約束，而這些規範又合法化國家的命令，則群眾是發出了被統治的同意書。既然人民自願接受統治，並且給予統治者合法性與正當性，可是統治的本身卻是宰制與不平等的關係，由是顯示正當性與宰制兩個概念的不相容。不過最近幾位學者的新詮釋卻指出，韋伯正當化的概念並不意涵：凡是接受規範正當性的公民都會被迫去相信這些規範的效準（Jere Cohen *et al.*：239；Mommsen 1974：84ff.）。只有一部分的人民是會基於正當化的動機而接受不平等的統治關係。在對此一問題詳細的分析中，韋伯指出一大堆的理由來說

明人民何以不相信正當性的存在，而仍舊俯首聽命接受統治。其原因不出以下的列舉：或是基於投機的心態，而謀取實質的利益，對統治者表示忠誠；或是本身的軟弱無助，而屈服於統治者的淫威（Weber 1968b：214-215）。是故，正當性並不必然意謂人民同意統治。

韋伯對民主正當性的評論（*ibid.*, 266-269）必須做如是觀。民主的正當性建立在選舉官（議）員形式的自由之上，也建立在公民立法、承認和上訴等等權力的信念之上。在最強大的意義下，民主的正當性僅在意謂被統治者對統治者的信任，而與民眾直接指揮公共政策的說法相距太遠。對於正當化規範法條的信念，一般老百姓抱持懷疑的態度，這是韋伯向來的看法。伴隨這種懷疑的看法，他下面的評述更減弱了民主正當化的力量，他說：「民眾作為一種表述的意志，不論其眞實價值多大，公民投票究其實不過是官署從被統治者的信任裡找出正當性的手段而已，儘管這種信任自動自發只具形式和虛幻的性質」（*ibid.*,267）。由是可知，民主的正當性之重要大部分是從官署權威中衍生出來的；反之，從被統治者同意的眞誠表達中引發的則佔較小的比重。

韋伯對民主前景並不看好

　　從前面的敘述可知，韋伯對政治生活的不平等和宰制的概念影響了他對民主的前瞻。事實上，不平等與宰制的現象便構成民主發展的阻礙。由於政黨菁英和行政領袖對代議政治的顛覆、資產階級與工人階級的對抗、統治官僚與公民之間的利益不一致，在在令人懷疑民主政治推行的可能性。可是韋伯在討論工人階級對實質公道的要求時，以及討論民主擁護者對政府官員權限的節制時，他似乎又不得不承認在政治團體裡民主的需求不時湧現。韋伯甚至有一次主張，在某種狀況下，民主化意謂「在統治關係中的子民擴大其為主體的積極性分享」(*ibid.*, 985)。

　　對韋伯而言，這種正面評價民主的說法，也到此為止。不錯，政黨政治、資本主義和官僚國家繼續在阻卻社會的民主化，但西方社會也有部份的民眾成功地為其利益而引導公共政策。除了工會運動之外，還包括女權的國際性運動、環境污染的防止、福利國家的鼓吹，以及1960年代之後的反越戰示威、反種族歧視而要求種族和睦相處的種種政治與社會活動。值得注意的是，在這些活動與運動中，代表機制成為重要的動員與組織群眾活動之手段。其中有少數活動群體還依靠官僚組織、或是魅力領袖來爭取最大的好處。

韋伯的理念類型是容許社會現象的對照（contrast）、比較和相互配套符合（correspondence）。可是在其著作中我們找不到民主運動成功的例子，也就是韋伯不討論造成民主運動正面結果所需的手段，及其形式之類的事物。他也不提及代表這種運動的公共領域之潛力。這種省略不談構成韋伯現代民主觀最明顯的缺陷。上面的這些瑕疵並未減損韋伯對反民主趨勢的分析底價值。這裡所提及的是他觀點之缺乏平衡。這個問題的起源可以追溯到他有關不平等和宰制的普遍性設準。我們無法否認天擇造成的不平等和上下統屬的宰制關係無所不在的說法。在這方面韋伯提供一個糾正馬克思一偏之見的機會。蓋後者主張：一個完整的、實質的民主在未來共產社會中必然出現。這種必然性還附上歷史哲學與「科學」的證據。韋伯的問題產生自下列的事實，即他分析的開始為不平等的好處和統治工具的掌握。從這個立場出發他才繼續建立了強勢者（得利者與統治者）對弱勢者（不利者與被統治者）之關係。因之，不平等的普遍存在是用某些人佔取優越的地位來理解與感受的（*ibid.*, 38-40），而不是以弱勢者之居於不利的地位去考量。同樣地宰制的結構最初也以官署命令權力的應用加以界定，而不是以菁英和社會之複雜控制底平衡來說明的。問題不在韋伯對次級群體之輕視忽略，而是站在有利的和控制的立場來看待這類的社會兼政治之關係。

由於傾向於一開始便以上層的觀點來看待現象，這使韋伯的理念類型只看到對民主的阻礙，而忽視了權力的民主應用。他花費太多的注意力於資本主義體制和國家中的統治模式和菁英統治的反民主效果，而忽視了由下而上群眾對強勢者的對抗與節制的努力。古德涅（Alvin Gouldner 1920-1981）在對韋伯的官僚概念有所批評時，指出韋伯有關組織的束縛所牽連的權威性意涵就是反對民主的看法。韋伯忽視了對抗「寡頭壟斷的鐵律」有賴「民主的鐵律」才能奏效。「假使寡頭統治的波浪不斷把民主的橋樑沖毀，那麼這種反覆發生之事所以能夠不斷出現，乃是因為人們在每次氾濫成災之後，仍舊堅忍圖成重建橋樑的緣故」（Gouldner 1955：506）。假使韋伯能夠把弱勢者（不利者和被統治者）的反彈，也置放在他普遍性的設準裡頭，那麼他必然會看出西方民主重大的成就，或許他對民主的前景將不會那麼悲觀失望。

馬克思與韋伯民主觀的比較

　　值得注意的是，馬克思和韋伯所討論的民主都是在工業革命和法蘭西大革命之後，西方社會、經濟、政治和文化劇烈變化，而告別舊政權和舊社會的時候，這也是資本主義由競爭性、轉向壟斷性與寰球性大肆擴張的時代。馬

克思和韋伯均認爲，民主的政治形式，尤其是代議民主，基本上在爲新興的中產階級之利益提供保障與促進的機制。

　　因之，本質上馬克思和韋伯對民主體制的實行都不懷樂觀的看法。馬克思甚至把現存的民主政治看成資產階級利用國家機器剝削與宰制工人階級的手段，強調普勞階級所享有的法律上規定之自由平等爲虛有其表的「權利」。追根究底，生活在資本主義社會中的工人，是在異化與剝削中喪失人類本性的生產機器。爲此他竭力抨擊現存的民主制度之不合理，認爲只有在法律、政治和社會上講求人的自由平等是不夠的，眞正的民主必須在生產的領域、經濟的領域，落實人民當家作主的願望，才能獲致。是故他主張在推翻資本主義之後，重建一個新的社會——共產主義的社會。在新社會中，新人類將會揚棄階級對峙、消除階級分辨、取消國家壓迫、廢除法律約束、解開道德規範，使人人在和諧歡樂的群體中過著理性、和平與自由的生活，亦即恢復人的社群本質，變成名正言順的社會動物（洪鎌德 1996c：79-80）。是故馬克思批評現實的民主，而寄望未來的民主。他也以未來必然實現的共產主義的民主爲尺度，來衡量與抨擊現行民主體制的缺失。

　　韋伯同樣對現行民主缺乏信心。這是由於現行西方民主建立在兩項致命的基本假設（設準）之上。其一爲透過

優勝劣敗自然淘汰的天演過程，造成社會結構之不平等；其二，不平等的結構便利才能出眾者、心懷大志者佔據高位，而造成強凌弱的宰制現象。不平等與宰制最明顯地出現在兩個領域中，其一為市場，其二為國家。由於影響現代人命運最嚴重者無過於經濟生活與政治生活，而偏偏在這兩種生活中不平與宰制卻控制了人的一生。是故，韋伯視合理化、現代化、民主化所帶來的社會不平與宰制為現代人的宿命。在政治活動上，由於政黨的出現，成為西方議會中爭權奪利的主角。代議民主實際上為政黨爭衡的表現。代議士代表選民的利益少，代表政黨的利益多。由執政黨所主持的國家大政，實際上是由政黨官僚轉化為政府官僚對國家機器的霸佔。民主政治所強調的人民當家作主，直接決定國家大政方針，只停留在口號的階段。在國家的操作方面，一般大眾干預、介入、參與的機會幾乎等於零，是故民主政治虛有其表，官僚統治則為其實。這是韋伯對民主前景不看好的原因。

由此看來，馬克思與韋伯都是對現行民主體制相當不滿，盼望其改變的思想家。當馬克思期待藉普勞革命來建立未來的新民主時，韋伯只期待魅力領袖的出現來節制官僚的霸權，但對韋伯而言，社會的不平與宰制現象永遠存在，這是人類的宿命，是無從改變的命運，所以民主的前景是黯淡的、無望的。

馬克思和韋伯提供有力的卓見，指陳民主實現途上的障礙，但兩人對西方民主的眞正成就和其發展的可能前景卻有忽視和低估的傾向。無可否認的事實爲資本主義和官僚國家設置了阻擾民主化的路障，但西方民主強調的法治、制度、權利卻大大減少政府對人民的壓迫，而民主的生活方式還有繼長增高之勢。否認民主的成就不是自陷於犬儒主義和教條主義，便是陷身於悲觀與無助的境地。不幸的是馬克思和韋伯的作品充滿這種對民主負面的觀點與評述。

　　馬克思和韋伯觀點的弔詭乃是兩者出發點的假設完全相反，這種出發點的假設都是牽涉到民主所面對的重大障礙之不可抗拒性。但這類弔詭是可以解決的，一旦認識到他們假設中所包含的那些沒有必要的誇大的成份。在馬克思那裡，他誇大了眞正的、實質的民主將在未來幾近烏托邦的社會中「必然」實現。在韋伯那裡卻誇大了民主要碰上追求好處與統治優勢的官僚。兩人相反的看法可以從權力理論來解釋。對馬克思來說，未來人類創造一個新社會的可能性一直存在著，在新社會當中權力的運作不成問題。對韋伯而言，不待將來之降臨，目前的社會就呈現人們濫用權力的現象。優勢者使用其命令式的權力不分古今東西，都是無可避免的事情。

　　如果吾人想要克服馬克思與韋伯對民主發展趨向的困

難的話，就必須把兩人有關資本主義和官僚國家中民主發展的障礙之卓見加以承認與發揮。我們要演繹大規模社會組織中權力操作制度化的新理論，這點是馬克思不肯做、也不屑做的。另外，我們不必像韋伯那樣否認群眾有參與大政方針的制定之能力。一項對民主發展前景及其困難的適當理論要能夠解釋優勢者與公民群眾之間複雜的關係，特別是解釋制度化的權力運作之情形。這項新理論一方面能夠瞭解資本主義和官僚國家的壓迫，他方面又能指出克制這種壓迫的民主式之反抗，以及指明反抗的手段、策略、資源等所在。此外，新理論應當能夠產生現實的、務實的觀點，俾為社會兼政治組織的民主模式鼓吹。必要時使用與真實發展相反的（counterfactual）理論[1]，所謂與真實發展相反的理論，是像馬克思所設想的未來的共產社會的說法一樣，熔合分析與評價於一爐的規範性理論，亦即非純粹經驗性、或描述性的理論。這種理論對實踐性的政治議程之創造有催化的作用（Cohen 295）。有了與真實發展相反的理論之推出，我們或會對民主的發展有促進之功。

註釋

1.這點為柯亨之解釋，本書編者則認為個體性客觀化的遭受壓制，在於

生產者的產品被剝奪，亦即第一種異化（1:a）。

2. 托克維爾論民主時，坦承自己身屬貴族，遠離群眾也恐懼群眾，他雖熱愛自由與平等，但又不認為擁抱民主。這是他自由主義與保守思想的衝突，參考吳庚119-120.

3. 馬歇爾為社會學家，執教倫敦政經學院，著有《公民權與社會階級》（1963）一書。他以演化的觀點討論民權的增長。以英國為例，18世紀重視法律權利，強調法律之前人人平等，人身、言論，思想與信仰之自由，擁有財產之權利。19世紀，則為政治權利的伸張，包括參選、參政、服公務的權利。及至20世紀，人民則享有社會權利，要求享有社會尊榮、經濟福利，以及分享全社會的安富繁榮。

4. 所謂與真實發生的情況持相反的看法或理論是認為，某一事件、或情況一旦與事實演變的路線不同，其後果必定是以另一種形式表現出來。這種理論建立在因果關係之上，有某一原因必然會產生某一結果。譬如說二次大戰中，如果納粹先發明洲際飛彈、或原子彈，那麼聯軍可能一敗塗地，歷史也要改寫。

參考文獻

西文資料

Anderson, Perry

1976   Considerations on Western Marxism, London: New Left.

Antonio, Robert J.

1985   "Values, History, and Science: The Metatheoretic Foundations of the Weber—Marx Dialogue", in: R. J. Antonio and R. M. Glassman (eds.), *A Weber—Marx Dialogue*, Lawrence, Kansas: University Press of Kansas, pp. 20-43.

Avineri, Shlomo

1968   *The Social and Political Thought of Karl Marx,* Cambridge: Cambridge University Press.

Baumgarten, Eduard

1964   *Max Weber: Werk und Person*, Tubingen: J. C. B. Mohr （Paul Siebeck）.

Beetham, David

1974   *Max Weber and the Theory of Modern Politics*, London： Allen and Unwin.

Birnbaum, Norman

1953　"Conflicting Interpretations of the Rise of Capitalism, Marx and Weber", *British Journal of Sociology*, 4:125-141.

1991　"Conflicting Interpretations of the Rise of Capitalism : Marx and Weber," in Peter Hamilton（ed.）,*Max Weber (1) : Critical Assessment*, London and New York: Routledge, pp.4-20.

Burawoy, Michael

1982　"Introduction: The Resurgence of Marxism in American Sociology", M. Burawoy and Theda Skocpol (eds.), *Marxist Inquiries: Studies of Labor, Class, and States* , Chicago & London: The University of Chicago Press, pp.1-30.

Cohen, Ira J.

1985　"The Underemphasis on Democracy in Marx and Weber," in Robert J. Antonio and Ronald M. Glassman（eds.）, *A Weber- Marx Dialogue, op. cit.*, pp.274-299.

Cohen, Jere, Lawrence Hazelrigg and Whitney Pope

1975　"De-Patronizing Weber : A Critique of Parsons' Interpretation of Weber's Sociology", *American Sociology Review*, 40 : 231-256.

Dibble, Vernon K.

1968　"Social Science and Political Commitment in the Young

Max Weber", *European Journal of Sociology*, 9:96-109.

Draper, Hal

1977   *Karl Marx' s Theory of Revolution*, 2 vols., New York: Monthly Review Press.

Eldrige, J. E. T.

1970   *Max Weber: The Interpretation of Social Reality*, London: Michael Joseph.

Ferrarotti, Franco

1985   "Weber, Marx, and the Spirit of Capitalism: Toward a Unitary Science of Man", in R. J. Antonio and R. M. Glassman (eds.), *A Weber-Marx Dialogue, op. cit.*, pp. 262-272.

Fleischmann, Eugene

1964   "De Weber a Nietzsche", *European Journal of Sociology, 5*: 190-238.

Giddens, Anthony

1970   "Marx, Weber and the Development of Capitalism", *Sociology*, 4 : 289-310.

1991   "Marx, Weber and the Development of Capitalism", in Peter Hamilton (ed.), *Max Weber(1): Critical Assesment, op. cit.*, pp.21-41.

Gouldner, Alvin
1955　"Metaphysical Pathos and the Theory of Bureaucracy",
　　　American Political Science Review, 49：486-506.

Heller, Agnes, and Ference Feher
1991　*The Grandeur and Twilight of Radical Universalism,* New
　　　Brunswick and London: Transaction Publishers.

Jaspers, Karl
1951　*Rechenschaft und Ausblick,* München: Piper-Verlag.

Kellner, Douglas
1985　"Critical Theory, and the Dialectics of Domination", in
　　　Robert J. Antonio and Ronald M. Glassman (eds.), *A
　　　Weber-Marx Dialogue, op. cit.,* pp. 89-116.

Kozyr-Kowalski, Stanislaw
1968　"Weber and Marx", *The Polish Sociological Bulletin,* 1:
　　　5-17.

Lindenlaub, Dieter
1967　*Richtungskampfe im Verein fur Sozialpolitik,* Wiesbaden:
　　　Steiner.

Löwith, Karl
1932　" Max Weber und Karl Marx", in: *Archiv fur
　　　Sozialwissenschaft und Sozialpolitik,* vol. LXVI S.53-99,

175-215; 英譯爲1982 *Max Weber and Karl Marx*, Tom Bottomore and William Outhwaite (ed., introd. and trans.), London: Routledge.

1993　*Max Weber and Karl Marx*, with a new preface by Bryan S. Turner, London: Routledge.

Marcuse, Herbert

1968　*Negations: Essay in Critical Theory*, Boston: Beacon Press.

Marx, Karl

1940　*The Civil War in France*, New York: International Publishers.

1953　*Grundrisse der Kritik der politischen Ökonomie*（簡稱 *G*）, Berlin: Dietz Verlag.

1954　*Capital*, vol I（簡稱 *C* I）; 1956 *Capital* II（簡稱 *C* II）;

1959　*Capital* III（簡稱 *C* III）, Moscow: Progress Publishers.

1963　*Karl Marx: Early Writings*, Tom Bottomore (eds.), New York: McGraw Hill.

1964　*Pre-Capitalist Economic Formation*, Eric T. Hobsbawm （introd.）, New York：International Publishers.

1967　*Writings of the Young Marx on Philosophy and Society*,Loyd D. Easton and Kart H. Guddat (eds. & trans), New York: Dobbleday.

1968　*Capital*, vol 1, New York: International Publishers.

1970　*Critique of Hegel's Philosophy of Right*, Cambridge:Cambridge University Press.

1971　*Grundrisse*, David McLellan (ed.), New York: Harper.

1973 *Grundrisse*, Martin Nicolaus（trans.）, Harmondsworth, Middlessex：Penguin.

1979 *The Letters of Karl Marx*, Saul K. Padover (ed.),Englewood Cliffs, NJ: Prentice-Hall.

1983 *The Portable Karl Marx*, Eugene Kamenka (ed.), New York: Penguin.

Marx, Karl, and Frederick Engels

1955 *Selected Correspondence*（簡稱*SC*並附頁數）, Moscow：Progress Publishers, 3rd ed.,1975.

1959 *Marx and Engels: Basic Writings on Politics and Philosophy*, Lewis S. Feuer（ed.）, Garden City, N. Y.: Anchor Books.

1975 *Collected Works*（簡稱 *CW* 附卷頁數），Moscow：Progress Publishers.

Mayer, Carl

1974 "Die Marx-Interpretation von Max Weber", *Soziale Welt*, XXV：81-104.

1975 "Max Weber's Interpretation of Karl Marx", *Social Research*, 42: 701-719.

Mommsen, Wolfgang J.

1974 *The Age of Bureaucracy：Perspectives on the Political Sociology of Max Weber*, New York：Harper.

1977 "Max Weber as a Critic of Marxism", *Canadian Journal of Sociology*, 2:375-398.

1978　*Max Weber und die deutsche Politik*, Tübingen: J. C. B. Mohr（Paul Siebeck）.

1985　"Capitalism and Socialism: Weber's Dialogue with Marx", in: R. J. Antonio and R. M. Glassman (eds.), *A Weber-Marx Dialogue, op. cit.*, pp.234-261.

Ollman, Bertell

1971　*Alienation*, Cambridge: Cambridge University Press.

Parsons, Talcott

1937　*The Structure of Social Action*, New York: Mcgraw-Hill.

1949　*The Structure of Social Action*, Glencoe, Ill.: Free Press, first ed. 1937.

Rattansi, Ali

1982　*Marx and Division of Labor*, London: Macmillan.

Roth, Gunther

1968　"Das historische Verhaltnis der weberschen Soziologie zum Marxismus", *Kölner Zeitschrift fur Soziologie und Sozialpsychologie*, 20:429-447，英文翻譯收於 Bendix, Reinhard and G. Roth (eds.), 1971　*Scholarship and Partisanship*, Berkeley: University of California Press, pp. 227-246.

Salomon, Albert

1926　"Max Weber", *Gesellschaft*, 3: 138-153.

1945   "German Sociology," in Georges Gurvitch and Wilbert
E. Moore, (eds.), *Twentieth Century Sociology*, New
York: Philosophical Library.

Schroeter, Gerd

1985   "Dialogue, Debate, or Dissent? The Difficulties of
Assessing Max Weber's Relation to Marx", in Antonio,
R. J. and R. M. Glassman (eds.). 1985   *A Weber-Marx
Dialogue, op. cit.*, pp.2-19.

Schumpeter, Joseph A.

1947   *Capitalism, Socialism and Democracy*, London : George
Unwin.

Schwartz, Joseph M.

1995   *The Permanence of the Political : A Democratic Critique
of Radical Impulse to Transcend Politics*, Princeton, N.J. :
Princeton University Press.

Topitsch, Ernst

1950   "Max Webers Geschichtsauffassung", *Wissenschaft und
Weltbild*, 3: 260-281.

Turner, Bryan S.

1981   *For Weber: Essays on the Sociology of Fate*, Boston *et. al.*:
Routledge and Kegan Paul.

1993   "Preface" to the new edition of Karl Löwith's *Max*

Weber and Karl Marx, London & New York: Routledge, pp.1-41.

Turner, Stephen P.
1985   "Explanining Capitalism: Weber on and Against Marx", in R. J. Antonio & R. M. Glassman (eds.), *op. cit.*, 167-188.

Wagner, Helmut R.
1975   "Marx and Weber as Seen by Carl Mayer", *in Social Research*, 42：720-728.

Walicki, Andrzei
1995   *Marxism and the Leap to the Kingdom of Freedom, Stanford*, CA：Stanford University Press.

Weber, Max
1924a   *Gesammelte Aufsätze zur Soziologie und Sozialpolitik*, Tübingen：J. C. B. Mohr (Paul Siebeck).
1924b   "Socialism" in W. G. Runciman (ed.), *Max Weber: Selections in Translation*, Cambridge: Cambridge University Press 1978.
1946   "Politics as Vocation", in Hans Gerth and C. Wright Mills (eds.), *From Max Weber*, New York: Oxford University Press.
1949   *The Methodology of the Social Sciences*, Edward A. Shils and Henry A. Finch (trans.), Glencoe, Ill.: The Free Press.

1952 *Ancient Judaism*, Glencoe, Ill. : Free Press.

1958a *The Protestant Ethic and the Spirit of Capitalism*, New York: Scribner's.

1958b *From Max Weber: Essays in Sociology*, H. H. Gerth and C. Wright Mills (trans., ed., & intro.), New York: Oxford University Press, first ed. 1946.

1964 *The Theory of Social and Economic Organization*, New York: Free Press.

1968a *The Religion of China*, New York: Free Press.

1968b *Economy and Society*: An Outline of Interpretative Sociology, Totowa, N. J.: Bedminster.

1968c *Wissenschaftslehre*, Tubingen: J. C. B. Mohr, 1ste Aufl., 1922.

1971 *Gesammelte Politische Schriften*, Tubingen: J. C. B. Mohr (Paul Siebeck) .

1978 *Economy and Society*, G. Roth and C. Wittich (eds.) , Berkeley：Univ. of California Press.

Wiley, Norbert

1987 "Introduction", to N. Wiley (ed.) , *The Marx-Weber Debate*, London: Sage Foundation.

Zeitlin, Irving M.

1987 *Ideology and the Development of Sociological Theory*, Englewood Cliffs, NJ: Prentice-Hall Inc., third ed., first ed., 1968.

華文資料

吳庚
1993《韋伯的政治理論及其哲學基礎》，台北：聯經出版事業公司。

姜新立（編著）
1997《分析馬克思：馬克思主義理論典範的反思》，台北：五南圖書公司。

洪鎌德
1986《傳統與反叛：青年馬克思思想的探索》，台北：台灣商務印書館。
1988《新馬克思主義和現代社會科學》，台北：森大圖書有限公司。
1995a《新馬克思主義和現代社會科學》，台北：森大圖書有限公司，第二版。
1995b〈馬克思和恩格斯對民主理論與實際的析評〉，刊：張福建、蘇文流（主編），《民主理論：古典與現代》，南港：中研院人文社科所，頁93-121。
1996a《跨世紀的馬克思主義》，台北：月旦出版社。
1996b〈馬克思倫理觀的析評〉，《國立台灣大學中山學術論叢》，14: 27-61。
1996c《馬克思社群觀的析評》，台北：國科會專題研究計畫成果報告。

1997a《社會學說與政治理論—當代尖端思想之介紹》,台北:
　　　揚智文化事業公司,第一版。
1997b《人文思想與現代社會》,台北:揚智文化事業公司。
1997c《馬克思》,台北:東大圖書公司。
1997d《馬克思「人的解放」之析評》,台北:國科會專題研
　　　究計畫成果報告。
1997e《馬克思社會學說的析評》,台北:揚智文化事業公司。
1998《社會學說與政治理論—當代尖端思想之介紹》。台北:
　　　揚智文化事業公司,增訂版。

洪鎌德、邱思慎
1995〈馬克與韋伯學說的比較〉,《法政學報》,淡水,淡江
　　　大學公共行政系,3:65-80。

高承恕
1988《理性化與資本主義—韋伯與韋伯之外》,台北:聯經出
　　　版事業公司。

陳介玄
1989a〈韋伯「合理性」與「合理化」之一般概念探討〉,刊翟
　　　本瑞、張維安、陳介玄(合著)一書,頁105-133.
1989b〈「理念類型」――韋伯與馬克思的比較分析〉,翟本
　　　瑞、張維安、陳介玄(合著)一書,頁135-158.

翟本瑞
1989a〈歷史認識與類型學分析〉,刊翟本瑞、張維安、陳介玄
　　　(合著)一書,頁41-83.

1989b〈選擇性親和性——韋伯對歷史認識的方法論設計〉，
　　見上揭書，頁85-104.

翟本瑞、張維安、陳介玄（合著）
1989　《社會實體與方法—韋伯社會學方法論》，台北：巨流
　　圖書公司。

黃瑞祺
1996　《批判社會學—批判理論與現代社會學》，台北：三民
　　書局。

張維安
1989a〈韋伯論社會科學之「價值中立」〉，刊翟本瑞、張維
　　安、陳介玄（合著）一書，頁7-39.
1989b〈理論與實踐—韋伯與哈伯馬斯的比較分析〉，刊 翟本
　　瑞、張維安、陳介玄 （合著）一書，頁159-184.

張家銘
1987　《社會學理論的歷史反思—韋伯、布勞岱與米德》，台
　　北：圓神出版社。

蔡錦昌
1994　《韋伯社會科學方法論釋義》，台北：唐山出版社。

人名引得

Eldrige, J. E. T. 艾爾椎吉 104

Engels, Friedrich 恩格斯 20, 26, 44, 67, 87, 154-155, 158-159, 174, 189, 208-209, 221, 235

Ferrarotti, Franco 費拉洛悌 153, 184-185

Feurbach, Ludwig 費爾巴哈 79-80, 84

Fleischmann, Eugene 傅萊敘曼 102

Franklin, Benjamin 富蘭克林 173

Gerth, Hans 葛爾特 85, 100, 128

Giddens, Anthony 紀登士 26, 31, 33, 61-121, 237

Hegel, Georg F. W. 黑格爾 20-22, 26, 28, 29, 41, 45, 56, 73, 77, 78, 79, 82, 84-85, 97, 106, 108, 119, 146, 149, 157, 190, 201, 203-204

Heidegger, Martin 海德格 107

Heller, Agnes 賀勒 106

Huang, Jui-chi 黃瑞祺 19, 36, 39,60, 168, 230

Hung, Lien-te 洪鎌德 16, 18, 21, 22-24, 26-28, 31, 33, 42-44, 55, 62, 64, 77-79, 81, 89, 92, 94-95, 99, 104, 106, 119-120, 125, 136, 143, 152, 157-159, 178, 188, 190-192, 194, 202-204, 218, 222, 224-225, 231, 233-235, 239-240, 247, 251, 267

Kant, Immanuel 康德 25, 106, 133, 144, 149-150, 194, 201

Kao, Cheng-shu 高承恕 37, 165, 167, 178, 185, 249

Kautsky, Karl 考茨基 72, 145, 210

Kozyr-Kowalski, Stanislaw 柯茲柯瓦斯基 103

事物引得

267

民主政治　14-15, 41, 53-55, 58, 128, 197, 230, 264, 267-268

民族主義　47, 53, 63, 69, 202, 248

民族國家　31, 63, 75

生產力　19, 28, 33, 82, 98, 130, 172, 203, 206, 217

生產方式　22, 26-27, 32, 35, 56, 72, 82, 130, 155, 162, 189, 191, 202

生產關係　28, 130, 203

共產主義　22, 28, 41, 43-44, 46, 53-54, 59, 87, 90, 119, 191, 203, 218, 230, 234, 236-239, 241-243, 247-248, 252, 267

《共產黨宣言》　17, 18, 28, 74, 94, 96, 101, 102, 155

合理、理性、合理性、合理化　15-16, 19, 21-24, 30, 33, 35-42, 48-49, 51, 54, 75, 78-79, 83, 85, 88, 89, 93, 98, 104-105, 107, 109, 111-117, 119, 140, 154, 159, 160, 162-164, 166-172, 177-178, 179, 182, 184, 190-191, 193, 197, 199-200, 202-203, 205-207, 211, 214-217, 222-223, 225, 230, 233, 240-241, 249, 251, 259, 260, 267-268

地主與農奴　34, 161

存心倫理、價值倫理、責任倫理、己知倫理　25, 51, 76, 115, 117, 120, 199, 202, 208, 215, 257

自由　15, 27, 32, 39, 41-42, 44, 46, 50, 53-54, 63, 65-67, 69, 82, 102, 106, 113-116, 118-120, 143, 166, 169, 171, 195, 198, 203, 217, 222, 225, 230-231, 233-236, 240, 242, 246-248, 255, 258-259, 263, 267

自由主義　17. 47, 65, 67, 69-70, 87, 95, 155, 189, 248

行政　39-40, 49, 70, 88, 169, 170, 197-198, 205, 223, 252-254, 257, 260, 262, 264

From Weber to Marx—
A Dialogue between Two Contemporary Thinkers

Contents

從韋伯看馬克思
現代兩大思想家的對壘

作　　　者／洪鎌德編著
出　版　者／揚智文化事業股份有限公司
發　行　人／葉忠賢
總　編　輯／孟　樊
登　記　證／局版北市業字第 1117 號
地　　　址／台北市新生南路三段 88 號 5 樓之 6
電　　　話／(02)2366-0309　2366-0313
傳　　　眞／(02)2366-0310
✉E-mail／ufx0309@ms13.hinet.net
印　　　刷／偉勵彩色印刷股份有限公司
法律顧問／北辰著作權事務所　蕭雄淋律師
I S B N／957-8446-89-6
初版一刷／1999 年 1 月
定　　　價／新台幣 300 元整

南區總經銷／昱泓圖書有限公司
地　　　址／嘉義市通化四街 45 號
電　　　話／(05)231-1949　231-1572
傳　　　眞／(05)2311002

國家圖書館出版品預行編目資料

從韋伯看馬克思：現代兩大思想家的對壘＝
From Weber to Marx / 洪鎌德編著.-- 初版.
-- 臺北市：揚智文化, 1998〔民 87〕
面 ； 公分
參考書目：面
含索引
ISBN 957-8446-89-6 (平裝)

1.韋伯(Weber, Max, 1864-1920)—學術思
想—哲學 2.馬克斯(Max, Karl 1818-1883)—
學術思想—哲學

143.9   87011175

社 會 叢 書

　　此套叢書囊括了國內各大學著名學者專家傾力撰寫、翻譯的著作。內容廣泛而紮實，涵蓋了西方從古至今的人文及社會學說，並對研究社會的各種科學量化、質化方法作了清晰的介紹。此外，並結合理論與實際，剖析台灣當今社會問題之根源。不僅可作為大專院校社會學相關科系的教學用書，及相關專業人員的參考用書，亦適合關心台灣社會的大眾閱讀。

社會科學研究方法與資料分析

Thomas Herzog/著　　朱柔若/譯

NT：500 元

本書的主旨是在介紹廣為社會科學用以從事科學研究的基本方法與原則。科學方法的本質在於嘗試從實証資料建立通則的方式來了解自然現象。故本書不斷地強調關於變項間的關係以及透過統計推論來得到通則等的基本概念。適用於教科書及研究的參考書籍。

人文思想與現代社會

洪鎌德/著　NT：400 元

廣泛介紹當今世界先進人文思想與社
會學說，探討人文學科與社會學科的
融合、交流、衝突及影響。為研究者
理想的指引與參考用書，亦為一精要
的人文與社會科學小百科全書。

社會問題與適應

郭靜晃等/編著　NT：550 元

社會問題所牽涉到的層面極為廣泛，
而如何去解決問題並適應之更是現代
人的重要課題。本書為眾多人士針對
不同問題所陳述之意見及看法；不但
適合為大專學生用書，亦適合於社會
各界人士參考之用。

社會學

葉至誠/著　NT：650 元

本書從微視、鉅視的角度對當今
社會學各個學派提供系統的介
紹，更廣泛運用台灣現況的資
料，實為一部值得推薦的社會學
入門書。

當代大師系列

◎ 一套深獲好評的絕佳叢書 ◎

　　戰後的二十世紀，是西方思想界豐富多變的時期，標誌人類文明的進化發展，故抓住當代西方思想的演變脈絡以及核心內容，應是昂揚我們當代意識的重要工作。自八〇年代以來，台灣知識界相當努力的引介「近代」和「現代」的思想家，這對於知識份子和一般民眾起了相當程度的啟蒙作用。

　　因此，我們針對在台灣知識界尚未有專書或探討的不完整的思想家，其人或是開創一代學派，或是具有承先啟後的歷史意涵，以及思想理論具有相當獨特性且自成一格的「大師」，而出版了「當代大師系列」。此叢書的企劃和問世，除繼承了先前知識界的努力基礎，更希望能藉這一系列的入門性介紹書，再掀起知識啟蒙的熱潮。

啟 蒙 好 書 📖 值 得 一 看

☐ 01	德希達	Jacques Derrida	楊大春/著	NT:150 元
☐ 02	李歐塔	Lyotard	鄭祥福/著	NT:150 元
☐ 03	羅 逖	Richard Rorty	張國清/著	NT:150 元
☐ 04	傅 柯	Michel Foucault	楊大春/著	NT:150 元
☐ 05	詹明信	Fredric Jameson	朱 剛/著	NT:150 元
☐ 06	海德格	Martin Heidegger	滕守堯/著	NT:150 元
☐ 07	維根斯坦	Wittgenstein	趙敦華/著	NT:150 元
☐ 08	希 克	John Hick	林 曦/著	NT:150 元
☐ 09	拉 岡	Lacan	王國芳、郭本禹/著	NT:200 元
☐ 10	薩伊德	Edward W. Said	朱 剛/著	NT:200 元
☐ 11	哈伯瑪斯	Jürgen Habermas	曾慶豹/著	NT:200 元
☐ 12	班傑明	Walter Benjamin	朱 剛/著	NT:200 元
☐ 13	紀登士	Anthony Giddens	胡正光/著	NT:200 元

李英明、孟樊、陳學明、龍協濤、楊大春/編輯委員

生智文化事業有限公司/出版